讲好故事得人心

职场故事思维

刘颖丹 · 著

電子工業出版社
Publishing House of Electronics Industry
北京 • BEIJING

图书在版编目（CIP）数据

讲好故事得人心：职场故事思维 / 刘颖丹著. —北京：电子工业出版社，2022.9
ISBN 978-7-121-44256-8

Ⅰ. ①讲… Ⅱ. ①刘… Ⅲ. ①语言艺术 Ⅳ. ① H019

中国版本图书馆 CIP 数据核字（2022）第 165013 号

责任编辑：杨洪军
印　　刷：北京虎彩文化传播有限公司
装　　订：北京虎彩文化传播有限公司
出版发行：电子工业出版社
　　　　　北京市海淀区万寿路173信箱　　邮编100036
开　　本：720×1000　1/16　　印张：13.5　　字数：195千字
版　　次：2022年9月第1版
印　　次：2023年12月第3次印刷
定　　价：58.00元

凡所购买电子工业出版社图书有缺损问题，请向购买书店调换。若书店售缺，请与本社发行部联系，联系及邮购电话：（010）88254888，88258888。
质量投诉请发邮件至zlts@phei.com.cn，盗版侵权举报请发邮件至dbqq@phei.com.cn。
本书咨询联系方式：（010）88254199，sjb@phei.com.cn。

前言

本书的第一稿写于2020年2月，当时正值新冠病毒肺炎疫情的暴发期。

看着不断增长的死亡人数，我不禁思考："如果我即将离开，我要为这个世界留下什么？"我的内心告诉我："作品。"而书就是非常适合我的作品形式。

我问自己："如果把我在10年的培训和教练生涯中积累的知识和经验写下来，我最想写的主题是什么？"答案是"职场故事影响力"。因为，"讲故事"既是我研究多年的领域，又是一个重要却常被忽视的技能。

"讲故事"为什么如此重要

根据我10年的培训和教练辅导经验，大部分职场人士都有沟通表达的问题。

- 在公众场合做自我介绍时，不知道说什么，往往一两句话就结束。
- 向领导汇报工作时，总是报流水账，领导听完觉得没有太多价值。
- 向企业高层要资源时，列举了各种数据、事实，却很难说动对方。
- 被邀请给客户或新员工讲解专业知识时，讲解太枯燥，听众经常走神。

- 创业者在各种场合宣传自己和企业时，发言无法感染听众。
- 家长苦口婆心对孩子讲道理时，孩子左耳朵进右耳朵出，压根没听进去。

而如果学会了故事思维和讲故事的语言技巧，上述问题就可以迎刃而解。所以说，有效的沟通需要讲故事，高级的营销需要讲故事，走心的演讲需要讲故事。

我常说一句话：“你每天对自己说的话，决定了你成为什么样的人。你每天对他人说的话，决定了你遇到什么样的人。”

而故事，既是我们对自己说的话，也是我们对别人说的话。

如果带着故事思维去生活，我们遭遇的挫折或尴尬可以变成有趣、有意义的故事，我们内心的挣扎也可以引起他人的共鸣，我们的反思和改变也将成为对他人的激励和启发。

如果带着故事思维去工作，我们的价值将更自然地被上级看见，我们的提案将更有可能被客户接受，我们的请求将更容易被跨部门的同事理解，我们的品牌将更大程度地被客户拥护。

你将从本书中收获哪些内容

第一章是“职场中需要故事思维”。你会了解故事的作用、定义及常见的讲故事误区。或许本章内容会打破你对故事的已有认知。希望在阅读本章后，你会更愿意将故事思维应用到你的工作和生活中。

第二章是“掌握故事设计的诀窍”。你会学到如何了解听众，如何让你的故事有的放矢。你还会了解讲故事的逻辑线和情绪线，掌握了这两条线，你就懂得了设计好故事的底层逻辑。在本章的最后，你还会学习如何画自己的故事地图，拥有自己的故事银行。

第三章是“使用魅力语言为故事添色”。你会学到如何让故事更有画面感，如何用修辞手法让故事更生动，如何塑造人物和对话让故事更有血有肉，以及如何用金句增加故事的传播度。本章中的魅力语言技巧不仅可用于讲故事，还可用于需要沟通和表达的各种场景。

第四章是“故事思维在七大商务场景中的应用”。你会学到如何设计七种商务场景下的故事，包括自我介绍、工作汇报、解读数据、销售、成功案例、创业路演、领导发言。并且本章还提供了很多故事设计表，帮助你设计出专属于你的职场故事。

第五章是“好的演绎助你将故事送达人心”。故事不仅要内容设计得好，还要靠讲述者的演绎。本章会谈谈如何缓解紧张，如何增强故事演绎的对象感、场景感和角色感，如何让你的肢体语言更自然流畅，如何塑造声音的影响力，以及如何为故事增添幽默感。在本章的最后还谈到你如果需要在正式舞台上讲故事，如何排练最有效。

总体来说，你会从本书中收获到以下几点。

- 学会讲故事的底层逻辑以及情感激发方式。
- 制作个人专属的故事地图，发掘你的各种故事素材。
- 掌握可运用于各种表达场合的“5+3+2+1”四大魅力语言技巧。
- 学会故事的演绎技巧，不仅有助于提升沟通效果，也有助于其他的公众表达。
- 制作专属的职场和个人故事，在今后的沟通场景中拿来即用。

如何使用本书

本书在每节后都有“本节内容回顾提问”和“本节作业”。我强烈建议你学完每节内容后，第一时间完成相应的练习，因为“知道”不等于“做到”。比如学车时，教练教了你动作要领，等你实际开的时候，就会知道没那么简单。所以完成每节的练习非常重要，这有助于你消化该节内容，真正把书本上的知识转换为自己的能力。

也愿你在工作和生活中多尝试讲述自己设计的故事，因为当你讲出自己的故事时，你会得到听众的反馈，从而进一步优化故事。

最后，欢迎你踏上讲故事之旅，成为更有魅力的沟通者。

目录

职场中需要故事思维

第一章

第一节

故事的作用

一、对比两类新闻，感受故事的力量

2020年2月，我动笔写本书，正是新冠病毒肺炎疫情在中国最严峻的时候。我猜你当时很可能和我一样，每天都会关注卫健委发布的数据，如确诊人数、死亡人数等。不过，在连续看了几天数据之后，我基本记不住具体的数据了。我在故事课上做过很多次测试，绝大部分学员都表示记不住数据。这很正常，因为信息量过大。

当时，我在新浪微博看到过一则热门新闻《64岁的儿子确诊，90岁的老母亲陪护4天4夜》：

故事发生在武汉协和医院的留院观察室内，一位白发苍苍的老奶奶一直坐在一位感染新冠病毒的老人旁边。护士原以为患者是老奶奶的丈夫，问后才知道是她64岁的儿子。当时因为床位特别少，医院人满为患。这位90岁的老母亲就坐在她儿子旁边，整整守了4天4夜。她对护士说，她都这把年纪了，不怕。后来等她儿子终于进了病房后，这位90岁的老奶奶还向医护人员借来纸和笔，给儿子写了一封信，鼓励他战胜病魔。

读完了这则故事，你记得老太太的年龄和她儿子的年龄吗？她在留院观察室陪护了她儿子几天几夜？

我猜你和我一样，清楚地记得老太太90岁，儿子64岁，老太太陪护了儿子4天4夜。

我将每日公布的新冠病毒肺炎疫情数据与这则新闻做对比，是想让你感受一下故事的力量有多大。当然可能有的人会说，每日确诊人数的信息量比较大，不方便记忆。而这也恰恰说明了，信息量过大的时候，听众是很难记住关键信息的。要知道，每日确诊人数是我特意关注的，但我仍然记不住。而在刚才那则老太太的新闻中，她和她儿子的年龄，以及她照顾了儿子几天几夜，这些非关键信息却被我牢牢记住了。正是因为这个故事打动了我们，激发了我们的情感共鸣，所以我们毫不费劲就记住了这些并不太重要的信息。

有一句英文俗语是“Facts tell，Stories sell”，意思是，事实告诉我们信息，但是故事打动人心。数据是冰冷的，当我们看到每日确诊人数时，我们的内心并没有多少涟漪。但仔细想，这些数据的背后是那么多的生命和家庭，当我们了解到这些家庭的故事时，我们会被深深打动，因为故事是有温度的，它会从直觉、理性、情感、语言等各个层面激活我们的大脑，直击人心。

二、职场讲故事的三大目的

在职场中讲故事主要有三大目的：建立联结、激发改变、创建愿景。

1. 建立联结

我们在与人初识的场合，不管是一对一见面还是面对公众，通常都要做自我介绍。在这样的场合中，我们可以讲一个自己的故事，更容易与沟通对象建立联结，拉近彼此的关系，甚至获得信任。

例如，我在培训课上常常这样做自我介绍：

大家好，我叫刘颖丹，文刀刘，新颖的颖，牡丹花的丹。我刚上小学的时候，并不喜欢这个名字，因为我觉得这个名字太普通，不如一些同学的名字那么有诗情画意，直到我爸妈跟我分享了这个名字的意义。“颖”字是我爸给我取的，他希望他的女儿非常聪明。“丹”字是我妈取的，她希望她的女儿像牡丹花一样美丽有魅力。所以我就是一个集智慧与魅力于一身的培训师。

不知你读到这里时，有没有微微一笑？我在线下课这样做自我介绍时，往往会有学员会心一笑。我会接着说：“我从你们的微笑中看出了对我的认同。”这时学员们往往会笑得更大声了。

然后我会由名字的故事引入我的培训理念：

我的名字介绍听上去是自夸，但是这也反映了一个理念，就是我认为每一个人都是集智慧与魅力于一身的，不知道你们同意吗？

我们每个人生活在这个世界上这么多年，都或多或少在自己的领域积累了经验和智慧。有不少人曾经因为不善表达而失去过一些机会，也有不少人从不主动告诉他人自己的价值。而如果我们学会了讲故事，就可以更好地传播自己的智慧、展现自己的魅力。简而言之，学会了讲故事，人人都可成为集智慧与魅力于一身的人。

我在线下课和线上直播课中，经常会讲这个介绍我的名字的故事。这个小故事既让学员记住了我的名字，又展现了我的幽默，迅速拉近了我与学员之间的距离，然后再通过我名字的意义引出我的培训理念，让大家更易接受。

当然在初次见面时，除了名字的故事，你还有很多其他的故事可以讲。在本书的第四章第一节会专门阐述如何在自我介绍中讲故事。

此外，在职场中很多企业会组织员工团建，会鼓励大家分享自己的经历，这也是通过分享故事加强信任的场景。我们在日常工作中往往会专注于事情本身，而对共事的人缺乏了解，在出现意见不一致时，很可能会产生误解，阻碍了合作。但如果能够找机会与对方聊一聊，了解彼此的经历，相互分享故事，就会加深彼此的联结，增强信任，更有利于合作。

所以建立联结是讲故事的一个重要目的。

2. 激发改变

不知你是否有这样的体验——你越跟别人讲道理，别人越不想听。例如，父母教育孩子，老师教育学生，上级劝诫下级，讲的人越苦口婆心，听的人越左耳朵进右耳朵出。要改变别人的观念和行为是很难的，但很多时候，讲一个好故事胜过讲一千遍道理。听完你讲的故事，听众可能会自己悟出你想要传达的道理，自发地去改变。我来分享一段亲身经历：

我在2010年开始转型做培训师。那年秋天的某个工作日，我一大早从上海坐高铁去昆山，给一个大型制造企业的副总裁做跨文化培训。他叫汤姆，是个身材高大的美国人。那天是个大晴天，早上8点半左右，我到了企业门口，给汤姆打电话说："我到了，麻烦你派个人到门口来接我。"在电话中，汤姆问我今天的培训安排是怎么样的。

其实这次培训的联络人早就把日程发给他了，但是既然他问了，我就再阐述一遍："今天的培训是早上9点至下午5点。下午2点至3点是一个小时的电话培训，由另外一个美籍的培训师专门为你介绍昆山的吃穿住行。不过他最近放暑假回美国了，只能给你电话培训了。"

我没想到，汤姆在电话的那一端听完就怒了。他当时的原话是：

“You are so irresponsible！”翻译成中文就是：“你太不负责任了！”他觉得电话培训的效果不好，责怪我们在敷衍他。我当时听到他的话整个人都懵了，有满肚子的委屈。我心里想：“这个安排培训公司早就发给过你了，你有意见早点说呀。”

虽然委屈，但我不敢跟他吵，只好说：“那今天就取消那个电话培训吧，等那位美籍培训师回来了再跟你约时间。”

我挂了电话，看着洒在企业门口的阳光，我的心里却乌云密布。这个时候，汤姆派来接我的人到了。那个人跟我说了什么，我当时完全没听进去，估计脸上都是尴尬而不失礼貌的微笑。

我从企业门口走到汤姆办公室，也就只有短短几分钟的距离。我边走边想，我今天肯定不能这样垂头丧气地去培训，我必须做点什么来改变汤姆愤怒的状态。这时候，跟他解释肯定没用，因为越解释，他越觉得我推卸责任。不能讲道理的话，那我就只能讲故事了。我问自己，我想通过讲故事达到什么目的？我想让他放下不开心的情绪，让他觉得，今天虽然开头不是很好，但说不定结局会不错。

想到这里，我忽然想起来一个中国的寓言故事。不知道你有没有猜到我要讲的故事？

在汤姆的办公室坐下来、打完招呼后，我对他说：“今天培训的开始，我想跟你讲一个故事。”一听到讲故事，他的眼睛一亮。我继续说：“这个故事几乎每个中国人从小就知道，如果你知道这个故事，你就会更了解中国人的处世态度和哲学。”他听我这么说就更有兴趣了。然后我绘声绘色地给他讲了塞翁失马的故事。

我讲完之后问他：“你觉得这个故事告诉了你什么？”他沉默了几秒，叹了一口气，本来像个气鼓鼓的皮球，此时“刺”地放气了，缩小了一圈。他说："有的时候发生的一些坏的事情，未必会导致坏的结局。"我说："正是如此，我们今天的开始对你来说不是很好。不过我希望，今天结束的时候，你会觉得这是很有收获的一天。"汤姆笑了，我也笑了。

那一天的培训很顺利，汤姆非常坦诚，给我分享了很多他来中国这两三个月遇到的管理问题，并跟我一起探讨了解决方案。结束的时候，我请他填写反馈表，其中有一道满意度打分题，他给我打了满分10分。

那天从他办公室走出来后，我抬头用手机拍下了蓝天白云，然后用这张图发了一条微博：今天真是逆袭的一天。

帮助我逆袭的，正是故事。那天我亲身体会到，要想激发他人改变，讲一个合适的故事胜过讲一千遍道理。

3. 创建愿景

创业者需要通过讲述自己的愿景去争取投资、吸引志同道合的人一起奋斗。我们每位职场人士也需要给自己创建人生愿景，激励我们去实现自我价值。虽然企业愿景或人生愿景看不见、摸不着，但是故事可以具象化我们的愿景，并让人渴望实现它。在这里我想分享我辅导过的一位创业者的事例。

徐总是一家教育企业的创始人。2014年年底，企业第一次举办年会，他准备了一个20分钟的演讲，想好好激励员工一番。但是他在演讲开场后没多久就忘词了，愣了好几秒，想不起来要讲什么，于是台下的员工用掌声来鼓励他。那一刻，徐总羞愧万分——他本想激励员工，结果却被员工鼓励了。

所以在2015年年底，企业第二次年会前，徐总找我辅导他的年会演讲。

我和他一起设计了三个故事：第一个是客户的故事，说明他们重视客户的成长；第二个是企业内一位员工的故事，以此来表示企业很重视员工；第三个是企业未来愿景的故事。除了设计内容，我还帮他进行了两次彩排，帮他提升自信和气场。

那次年会一结束，他就给我发了消息，说年会很成功，他的演讲共15分钟左右，其间赢得了员工的七八次掌声。2016年2月，徐总在聊天时告诉我："颖丹，我告诉你一个秘密：我发现今年员工的离职率比上一年降低了。我觉得这和我的年会演讲的成功有关系。他们听到了企业的愿景，相信我，愿意留下来一起干。"

徐总的事例也让我更坚信愿景故事对于企业的重要性。当然，愿景故事对于个人也很重要，个人的愿景故事可以激励我们活出自己想要的样子。

本节内容回顾提问

1. 本节中所总结的讲故事三大目的是什么？

2. 你在讲故事方面最希望获得提升的是什么？

（你可以在读完本书后，回头看看你此时写下的学习目标，有没有实现。）

本节作业

回想一个你喜欢的故事，类型不限，可以是职场故事，也可以是生活故事或电影故事等。写出这个故事吸引你的原因。

第二节

故事的定义

首先请你读下面这段话。

2020年新冠病毒肺炎疫情期间我在家待了两个月，不能出门。恢复上班之后，我开始每天走路上班和下班。我早上7点半出门，从家走到地铁站，差不多1公里。晚上6点多下班，我从家附近的地铁站出来后，再走回家，又走了1公里。然后，我在家简单吃点饭。吃完后我休息了一会儿，差不多晚上8点多去家附近的公园走路。第一天我在公园走了5公里，花了差不多一个半小时，第二天我走了6公里，第三天我走了7公里。这样差不多一周后，我每天走路的总路程到了10公里左右，一个月下来我走了318公里。

上面这段描述是故事吗？我猜你会说这是流水账，不是故事。确实如此，这就是我们常说的流水账。根据我的经验，很多没有系统学习过讲故事技巧的人，容易把故事讲成流水账。他们会按照时间顺序把发生过的细节都讲一遍，听的人不太明白他们要表达什么，可能很快走神或失去耐心。

请你再阅读下面这段话，并思考这是故事吗？

2020年对我们每个人来说，都是非常不容易的一年。全世界的人们都面临着很多挑战，这一场全球的大变局深刻地影响着我们每一个人的生活。

前段时间总有朋友问我，这么复杂的局面，我该怎么办？大家都特别焦虑，其实我也很焦虑，但是焦虑有用吗？这个世界上有很多事情我们改变不了，但我们能够改变的是我们自己的心态。假如你的心态变得积极，用积极的心态来面对这个复杂的世界，结果可能就会不一样。

我找了一个简单的方法来改变，就是走路。每一天走10公里，连续走一个月。当我给自己定了这个目标后，说实话我的压力很大，因为这个想法对我来说很疯狂，我很怕自己做不到。但是又一想，没关系，迈开步大胆走吧。就这样，每天早晨迎着太阳，一直走。走着走着，我的内心就能重新感受到平静和温暖的力量。而且，我向前每多走一步，热爱和勇气就会多一分。大家知道上个月我走了多少公里吗？上个月我走了318.11公里。我算了一下，平均每天走了10.6公里，平均每天走了1小时50分钟。一个看起来不可能实现的目标就实现了。我特别高兴的是我的心态开始变得积极了。

你同意上面这段话是故事吗？这一段与前面那段流水账有什么不同？我会在下一部分的内容中揭晓。

其实第一段是我自己编的，第二段是小米创始人雷军在小米十周年的演讲的开场故事。

一、什么是故事

我在2008年开始学习讲故事技巧的时候，看过美国作家詹姆斯·傅瑞（James N. Frey）写的一本英文原版书《超棒小说这样写》（*How to Write a Dame Good Novel*）。他在书中用一句话概括了故事的定义：

“故事就是叙述有意义的人物经历一系列有因果关系的事件后，产生改变的过程。”

这个定义中有三个关键词。

1. 有意义的人物

有意义的人物并不一定是厉害的人物，普通人也可以是故事的主角，但是故事要通过这位主角的经历传递出某种意义，对听众产生影响。前面我写的每天走路的叙述是流水账，因为我仅仅叙述了我每天走了多少路，并没有讲出我想通过这段经历传递给听众的意义。

2. 有因果关系的事件

这也是区分流水账和故事很重要的一点。流水账就是把发生的事情全部罗列一遍，前后的事件并不一定有因果关联。但如果我们要讲一个故事，就要根据自己想传递的意义，来选取与这个意义相关的事件，前后有因果关系。如在上述雷军的故事中，他讲到因为感到焦虑，想做一些事情去改变，所以树立了走路的目标，然后开始了行动，最后取得了一个月走路300多公里的结果。这就是有因果关系的一系列事件。

3. 产生改变

主角在故事中产生改变，而主角在流水账中可能从头至尾没有变化。故事是主角产生改变的过程，这意味着故事有起因、冲突、转折和结局，这才是一个完整的故事。

我们来比较上述两个版本，第一个版本的流水账中的“我”虽然一个月走了300多公里的路程，但是并没有讲出我发生了什么改变。

但是在第二个版本，即雷军的故事中，他通过每天走路，完成了一开始觉得不可企及的目标，实现了很重要的改变——从最初焦虑的心态，变成了积极的心态。

二、什么是好故事

了解完故事的定义后，我们来看看什么是好故事。为了便于记忆，我用四种食物来代表一个好故事要包含的四种要素。

好故事的第一个要素是清晰的逻辑线。想象一下你手里拿着一串糖葫芦，一根棍子把几个山楂串在一起，整齐有序。这串糖葫芦就好比是故事的逻辑线，包含故事的起因、冲突、转折和结局，并且每两个山楂之间都黏在一起，代表上下有因果关联。

清晰的逻辑线让故事脉络清晰、避免冗长复杂，这是一个好故事的基础。在第二章第二节中我会详细地介绍如何利用我原创的5S结构来设计故事的逻辑线。

好故事的第二个要素是引发听众情感的情绪线。我用巧克力来代表这个要素。巧克力有甜的也有苦的，这也寓示故事中的情感是跌宕起伏的。你回想一下你喜欢看的电影或电视剧，是不是让你时而哭、时而笑。好故事也是如此，有苦有甜、情绪交替。

在第二章第三节中，我会具体分享如何设计故事的情绪线以及如何激发听众的情绪。

好故事的第三个要素是名场面。名场面原指影视作品中为人熟知的经典片段，常被剪辑下来广为传播。一个好的故事也需要至少一个名场面，这是听众最有记忆点的画面，故事结束后听众依旧会回味。

苹果是一种普通的水果，但是它又与不少名人故事有联系，如亚当、夏娃受到蛇的蛊惑偷吃了苹果树上的果子，牛顿因为看到苹果从树上坠落而产生万有引力的灵感，乔布斯用咬了一口的苹果作为企业的标识……所以我想，用苹果来代表故事中的名场面再合适不过了。

在第三章中我会来分享如何通过语言、人物、对话等元素来塑造故事的名场面。

好故事的第四个要素是金句。金句，顾名思义，就是像金子一样有价值的句子。影视作品中的一些经典台词会经久流传，广告企业和自媒体都费尽心机地创作金句以促进传播。同样，我们的故事如果包含一句金句，会让听众牢记于心。故事中的金句，就是你想传递的观点或态度，是你想通过故事所传达的意义。

我用金橘这种水果来代表金句。虽然在脱口秀届用谐音梗要扣工资，但是我偷懒用个谐音梗，也便于大家记忆。

在第三章第四节我会详细地介绍金句的种类以及常见句式。

本节内容回顾提问

1. 詹姆斯·傅瑞对故事的定义中有三个关键词，分别是什么？

2. 我用四种食物代表好故事的四个要素：一串糖葫芦代表______，巧克力代表______，苹果代表______，金橘代表______。

本节作业

回顾你的上节作业，写出那个故事的主要人物、因果关系的事件、主角的改变，以及在你看来故事所传递的意义。

第三节

职场人士常见的讲故事误区

误区1：我没有故事可讲

很多职场人士一听到讲故事这三个字，第一反应就是我的人生太普通了，没有故事可讲。十几年前，我也很少讲故事，尤其不喜欢讲关于自己的故事，因为我觉得自己太普通了——并非出身贫寒，没有经历过生死事件，没有可歌可泣的故事可讲。直到我在2007年年底遇到了美国培训师安妮，我的观念才改变了。

2007年，我是一名英语同声传译员。那年年底我被一家美资企业聘请，为他们的一次销售培训担任翻译。他们的培训师是位美国女士，叫安妮。安妮有着一米七五的个头，上课那天她穿着深蓝色的套裙，脸上洋溢着微笑，职业且有活力。安妮上课时很喜欢讲她以前见客户的各种故事。不知你有没有和美国人聊过天，大部分美国人在讲故事时表情和手势都特别丰富，安妮也是如此。我在为安妮翻译时，除了翻译内容，还尽量模仿她的表情、手势和声音。台下的听众特别专心，他们随着故事情节的发展，有时紧张、有时大笑。

两天的培训结束后，安妮跟我道别时说："You are a great story-teller。"翻译成中文是："你是个讲故事高手。"

她的话让我很震惊，因为这是第一次有人夸我故事讲得好。我有些气馁地告诉她，我仅仅翻译了她的故事，没有自己的故事可以讲。安妮回答说，她讲的故事都是她工作中的经历，也不是什么重大事件。她说："只要学会了方法，职场和生活中的小事件都可以被讲成动人的故事。"

安妮的话在我的心中点燃了一个小火苗。于是我开始学习讲故事方面的课程，并且看了不少如何写故事、写小说、写剧本的书籍。通过尝试，我慢慢地发现，确实如她所言，很多看似普通的经历，也可以被打造成触动听众的故事。

希望我的这本书也可以点燃你心中讲故事的火苗，走进通过讲故事改善沟通、发展职业的大门。

误区2：讲故事需要天赋

职场人士常见的第二个误区是"讲故事需要天赋"。诚然，有些人天生的语言表达能力比较强，有些人从小就不善于表达。但这并不意味着会讲故事的人都是天生的，也并不意味着从小就不善于表达的人就不能讲好故事。

我培训和辅导过很多职场人士，他们当中的不少人都属于内敛、不善表达型。但是经过培训或辅导之后，他们往往会感叹："原来我也可以讲出动人的故事。"当他们在台上讲自己的故事时，我能看到他们眼中的光。

要想获得这样的改变，首先要发掘出自己心中想讲的故事。当我们有发自内心想表达的内容时，我们就更有表达的欲望。其次要用合适的方式设计好故事，这让我们内心更有表达的底气。最后要通过反复练习，提升故事演绎的技巧。本书会循序渐进地帮助你实现这样的改变。

误区3：职场不适合讲故事

这样的误区主要是源于大家对故事的狭义理解。很多职场人士一听到

“故事”，就会联想到在大舞台上讲的激励型的人生故事。他们觉得自己在职场中主要是做汇报、讲数据、提方案、讲工作任务等，和激励型故事没多大关系。

其实，故事有很广阔的应用场景，甚至可以说在我们的职场和生活中无处不在。在个人职场方面，向客户介绍企业时可以讲企业的创立故事，介绍产品时可以讲产品故事；向老板做汇报、讲数据、提方案时，可以用故事思维来组织内容、提升说服力；向潜在客户讲成功案例时，需要讲服务过的客户的故事；给客户或同事做培训时，可以通过讲故事启发他们的思考，让他们主动学习；职场面试时，需要讲个人故事来展示自己的特点。

此外，企业也需要用故事来打造品牌、进行广告宣传、传播企业愿景等。

在生活方面，我们与伴侣、孩子、朋友等沟通时都会分享自己的经历，如果能把自己流水账似的经历叙述成精彩的故事，不仅能改善沟通的氛围，还能增加沟通的深度。

误区4：网络故事“拿来主义”

经常有人问我：“能不能讲一个听来的故事？”我的回答是：如果你要讲一个听来的故事，那么先告诉你的听众，这是一个听来的故事。例如，“我想为大家讲一个希腊的神话故事”“我想为大家讲一个网上看到的故事”等。

千万不要把一些网络上看到的故事，当作自己的故事去讲。这其实是对听众的欺骗。你从网上看到的故事，很可能有听众看过，那么他们会觉得你不诚实。

在我上高二时，学校举办演讲比赛。全年级的同学都在学校大礼堂里听比赛选手们的演讲。当时，有个作文常受老师夸赞的女同学讲了一个“自己的”故事，而这个故事我恰好前一天在自己订阅的《读者》杂志上看到过。

故事大致是这样的：在某个广场上，她看到地上有一分钱，路过的人们都没看到，直接踩在这枚硬币上走过。有一个清洁工走过去把一分钱捡起来。她问那个清洁工为什么要捡，因为一分钱根本不值钱。清洁工回答说：“因为我不希望大家踩在国徽上。”

如果你现在上网搜索的话，还会看到关于这个故事的很多大同小异的版本。

女同学讲完故事后，大礼堂里爆发出热烈的掌声，同学们都被她感动了。但我浑身上下都不舒服，因为我知道她讲的是杂志上刊登的故事。她文采好的形象在我心中顿时倒塌，我甚至怀疑她以前的作文是不是也是抄袭来的。正因为我之前非常欣赏她，当我发现她拿别人的故事当作自己的故事来讲时，我对她更失望。

所以我时常用这个故事去告诫自己和他人，不要把别人的故事套在自己身上。其实在讲述自己的亲身故事时，我们会更真诚，更能打动人。

本节内容回顾提问

职场人士对于讲故事的四种常见误区是什么？

本节作业

你是否落入了某种误区？如果是，你会如何转变自己的观念？

掌握故事设计的诀窍

第二章

第一节

了解听众，有的放矢

在本章的开始，我想与你分享一个会见客户失败的案例：

2014年年初，一家企业的总经理寻找演讲教练。我递交了个人简历后，获得了与这位总经理见面的机会。她是一位40多岁的女士，姓唐，中等个子，眼神很犀利。与唐总交谈的前二十几分钟都很顺利，直到唐总忽然问我："你提供写稿的服务吗？"

我说："其实，讲述者读别人写的稿子未必好。"然后我举了另外一个客户的案例，他也是一家企业的总经理。他原本要拿着公关部写的稿子去演讲，但是在我辅导之后，他加入了自己的故事，并把别人所写的拗口的书面用语都改成自己的语言……我这个案例还没讲完，就被唐总打断了。

她有些气冲冲地说："你不要说别人的事。他是他，我是我，你又不知道我是什么样的。"她的怒气让我乱了阵脚，不知道该怎么接话。后来我们草草聊了几句就结束了，当然她也没有聘请我。

事后复盘发现，这次失败在于我没有聆听客户的需求。当唐总问我是否提供写稿服务时，我急于表达自己的观点，没有去问她为什么想找人写稿，也没有去了解她所期待的写稿服务是什么样的。

如果不了解听众的需求，而急于去讲故事，我们讲的故事不仅很可能没效果，甚至还可能起反效果。总而言之，讲故事需要有的放矢。

一、磨刀不误砍柴工：从三方面了解听众

在沟通或表达之前，我们要充分了解听众，正所谓磨刀不误砍柴工。

我们可以从这三个方面提前了解听众：听众的背景、听众的知识水平、听众的期待。

1. 听众的背景

听众的背景包括听众的年龄、职业、文化等。

如果故事与听众的背景相关，就很容易吸引和打动听众。反之，如果故事跟听众的背景相去甚远，就很难引起听众的共鸣。

例如，杨澜于2011年7月在苏格兰的一次TED大会上演讲时，用了一个故事开场。她的演讲题目是《中国的新一代》（*The Generation That's Remaking China*）。

在我来苏格兰的前一个晚上，我被邀请主持在上海的《中国达人秀》，在一个现场有八万名观众的体育馆里。猜猜谁是我们的表演嘉宾？苏珊大妈！她唱得真好听，而且她还能说中国话："送你葱。"她说的不是你好或谢谢这些很普通的话，她的意思是免费送葱。为什么她说这个呢？因为这是一句歌词，来自我们中国版的苏珊大妈，一位50岁的婆婆，上海的蔬菜小贩。她喜爱唱西方歌剧，但是她不懂任何的英语、法语或者意大利语，所以她将各种蔬菜的中文名填进她的歌词里。她在体育馆里唱的《今夜无人入睡》最后一句就是送你葱，于是苏珊大妈也跟着那么唱

了，这真的太好玩了。我觉得苏珊大妈与我们的上海苏珊大妈都属于与众不同的一类。她们被认为是最不能在演艺圈取得成功的一类人，然而她们的勇气和天赋将她们带到了梦想的彼岸，而且有一个节目给了她们舞台去实现自己的梦想。

上一节讲过讲故事的三个常见目的，即建立联结、激发改变和创建愿景。杨澜用故事开场的目的就是为了跟听众建立联结，拉近与听众的距离。我相信杨澜是针对当天的听众群体而选取了这个故事。她演讲的地点在苏格兰。达人秀这类节目起源于英国，苏珊大妈是苏格兰人，拿过《英国达人秀》的亚军，她在苏格兰是家喻户晓的人物。所以杨澜讲她主持《中国达人秀》时见到苏珊大妈的事，会让现场听众有亲切感，因为他们与杨澜有共同认识的人，心理距离拉近了。从现场的听众反应来看，这个开场故事是成功的。

所以我们需要根据听众的背景，选取听众关心、与听众相关的、符合听众文化背景的故事，这可以帮助我们与听众拉近距离、建立联结。

2. 听众的知识水平

这里所说的听众的知识水平，指的是听众对讲述者要分享的话题的了解程度。

知识水平不等于受教育程度，有时听众和讲述者的受教育程度都很高，但是听众因为与讲述者所处的行业不同而产生了理解差异。例如，讲述者在讲自己行业发生的故事时使用了不少专业术语，其他行业的听众就听不懂，从而无法产生共鸣。

例如，我曾有一位程序员学员，他讲了一个关于自己的创造力的故事。前半段我听得很入神，后半段他讲了程序员设计游戏的一个术语，我不懂那是什么，就影响了我对他故事的理解。我当时给他的建议是，当他给其他行业人士讲故事的时候，需要用通俗的语言来代替专业术语，便于听众理解他的故事。

在新冠病毒肺炎疫情期间，上海有一位医生因为通俗易懂又有趣的表达而迅速走红，他叫张文宏，是复旦大学附属华山医院感染科主任。他在2020年上海教育电视台首播的《公共安全教育开学第一课》中，是这样向小朋友解释什么是新冠病毒的：

新冠病毒是一个被放出来的魔鬼，它一来到人世间就开始传染人了。一开始是动物传人，接下去就是人传人。然后病毒开始传到全中国，现在世界上其他地方也有了。病毒传开后，我们中国政府采取了很多措施来控制它。

为什么小朋友还不去上课呢？就是因为我们要把放出来的魔鬼捉回去。那怎么捉回去啊？大家有没有看过一类电影，电影里面有些魔鬼一附体，人就变成可以传染的，就无法自主了。我们现在要把病人找出来，然后把魔鬼赶走。病人被找到以后，放在医院里面，就不会出来感染别人了。这个病毒有个特点，在人身上待两个星期后它基本上就要出来了。

张医生把病毒比喻成魔鬼，把防控措施比喻成把魔鬼捉回去，这种比喻式故事很容易让小朋友理解。

英文中有这样一个短语“the curse of knowledge”，翻译成中文就是“知识的诅咒”。意思是说，讲述者在某一方面的知识越多，讲的话就越容易让别人听不懂，因为讲述者对专业术语习以为常了，就以为别人都知道。现在也有不少人刻意用一些专业术语来展现自己的专业度，展现自己的产品有多么高端，但是如果听众听不懂，说再多也白费力气。

所以，如果听众是其他行业人士，我们在使用专业术语的同时，可以用通俗易懂的话解释一下，或者打个比喻，让听众明白，这样才能真正达到表达的目的。

3. 听众的期待

讲述者要了解听众期待听到的内容、获得的收获等。

故事需要与表达的目的挂钩，不能为了讲故事而讲故事。在任何一次沟通或演讲之前，听众对内容都是有期待的。我们设计的故事需要服务于当天沟通或演讲的目的。

举一个我朋友的失败的案例。

老张很会讲故事，因此受到很多人喜欢。五年前，他被一个非营利机构请去做半小时的分享，主题是“怎么讲好故事”。我也慕名前去学习。

老张分享说，讲故事会让自己的表达更有趣，然后他就绘声绘色地讲起了宋朝某个人的故事。他讲了十几分钟，很有说书先生的感觉。老张刚开始时讲得眉飞色舞，现场反响不错，但随着时间的推移，现场听众的反应越来越冷淡，老张的声音越讲越小。

分享结束后，他跟我说他很纳闷：“我之前在另外一个场子讲过这段，那次台下的听众听得可带劲了。这次怎么换了个场子，效果的差距这么大。”

我跟他分析：上一次，他在一个庆祝活动上做分享，那次的听众是带着看表演的期待而来的，所以听得很开心。而这一次的听众期待他分享讲故事的方法，而不是来欣赏说书的。

老张的经历告诉我们，听众的期待不同，相应的故事内容也要不同，否则就达不到预期的效果。

二、如何了解听众的期待

常常有人问："我该如何了解听众的期待呢？"我推荐以下五种方法。

1. 换位思考

这是最简单却常被人忽视的做法。把自己假想成目标听众，思考对方想听到什么。换位思考能让你悟出不错的答案。

2. 询问对方

这一点说起来简单，但很多人不敢这么做，尤其是当对方比自己的职位高时。很多职场人士认为，这样做会让对方觉得自己很愚蠢。但根据我辅导CEO和高管的经验，他们反而很欣赏主动询问自己期待的员工，因为这说明这名员工积极主动、重视此次沟通，并在认真准备。

所以如果你能直接联络到沟通对象，直接问对方有何期待是最高效的方式。并且这种事先的询问，往往会在对方心中留下积极主动的好印象。

如果面对的是很多人的演讲或培训，在条件允许的情况下，发放问卷调研也是一种不错的方式。

如果面对的是背景不一的公众，又无法事先联络到对方，例如，网络直播时，我们事先不知道谁会来参加，那么我们可以针对小范围的潜在对象做调研。我最常做的就是在朋友圈发问题，调查身边朋友的想法。

3. 借助第三方

如果你受第三方邀请，在他们组织的会议上发言，那么你可以询问组织方，与会者都有哪些人以及他们有什么期待，在往期的会议上什么类型的演讲比较受欢迎等。

有一种常见的情况：职场人士向企业的亚太区或全球的高层领导做汇报，对方的职位与自己的相隔好几个层级，无法直接沟通。此时可以通过会议的组织方获得更多关于对方期待的信息。

4. 网络搜索

如果面对的是某种特定人群，网络搜索不失为一种好办法。例如，面向“00后”，或面向某个行业的人群，那么可以了解这个群体当下的流行用语、这个行业的热点事件等，这都会给你很多灵感。

5. 准备多个案例

面对的群体背景越分散，越需要准备多个不同类型的案例。例如，企业拍的面对大众消费者的广告，尽管广告有受众画像，但还是会尽量涵盖不同类型的消费者和不同的需求。使用多个案例能帮助你联结不同背景的听众。

2019年知名健身应用KEEP拍了一支名为“怕就对了”的广告片。它就选用了不同的用户故事作为案例，来吸引不同类型的潜在用户。

在这支广告片前半段有几位人物在做不同的事情，但都说了同一个词“我怕”。例如，跳水女孩站在跳台上，说“我怕”；胖姑娘进入瑜伽房，说“我怕”；盲人夜间想跑步锻炼身体，说“我怕”；自行车骑手在盘山公路上骑车，说“我怕”；白发老人想跳入海中游泳，说“我怕”。

后半段这些人通过自己的练习都克服了恐惧。跳水女孩从跳台纵身跳入泳池，胖姑娘在瑜伽房成功倒立，自行车骑手在盘山公路上自由驰骋，白发老人在海里自由游泳。他们最后的台词都是“我不怕了，那就去找下一个害怕”。在视频的最后出现了一个金句“怕就对了”。

这段两分钟的广告片通过不同的人物故事引发了不同类型观众的共

鸣。观众看到那个吸引自己的人物时，就跟随着他经历了从紧张、害怕到突破自我最后获得成功的喜悦情绪，故事结束时观众自然被这支广告的态度打动了。

本节内容回顾提问

1. 设计故事前要考虑听众的哪些要素？

听众的________：年龄、职业、文化等；

听众的________；

听众的________：内容、收获等。

2. 你打算通过什么方式了解听众的背景和期待？

本节作业

写出自己常见的沟通或演讲对象的背景、（对自己话题的）知识水平、期待。

沟通对象 1：	背景： 知识水平： 期待：
沟通对象 2：	背景： 知识水平： 期待：
沟通对象 3：	背景： 知识水平： 期待：

第二节

故事的逻辑线让你避免流水账式叙述

一、故事的5S结构

要设计出好故事，首先要设计故事的结构，这是隐藏在故事中的一条逻辑线。没有这条逻辑线支撑的故事，常因细节太多，让听众觉得冗长无趣。

我基于自己的学习、实践及培训辅导经验，总结、原创了“5S结构”（见表2-1）。

表 2-1　5S 结构

铺垫	Setup
冲突	Struggle
解决方案	Solution
结果	Result
观点	Standpoint

1. 第一个S：Setup

Setup是故事的铺垫。铺垫就像是为听众铺一条小道，通过这条小道，听众可以进入你想带领他去的一处美景。

故事的铺垫要告诉听众故事发生的时间、地点、主要人物以及起因。在铺垫这个阶段，切忌铺垫太长。一旦铺垫中的细节过多，就容易让听众失去兴趣。所以最好用2～3句话讲完铺垫。

例如，我在与潜在客户洽谈业务时，他们往往会问我有什么类似的经验。我就会向他们介绍我的一些培训或教练案例。在介绍案例时，我一般这样开场："我想为你们分享我去年给××行业一家企业做过的类似案例。这家企业希望帮助××人员提升××能力。"

这个开场的第一句话就交代清楚了这是一个什么类型的故事，让听众知道你接下来的内容大致是什么主题，并且还交代了故事的时间。第二句话交代了故事的主要人物和起因，即企业想提升员工的某项能力。在这个案例中，故事的主要人物不是一个单独的人，而是一个群体，是这家企业某部门的员工。

当然，还有很多故事的主角是个人，可能是故事讲述者，也可能是故事讲述者所认识的某个人，或者某位名人等。我在第一章讲述过自己会见客户失败的故事，开场是这样的："2014年年初，一家企业的总经理寻找演讲教练。我递交了个人简历之后，获得了与这位总经理见面的机会。"第一句交代了故事的时间、主要人物、起因，为故事起到了铺垫作用。

2. 第二个S：Struggle

Struggle是故事的冲突。如果把一个故事比喻成一辆汽车的话，冲突就是故事的引擎。这是故事中最吸引人听下去的一部分，主角的冲突让听众关心主角的命运。很多人都知道故事需要有冲突，但是很少有人知道冲突具体要怎么设计。我这里为你推荐一个冲突的公式，来自加拿大剧作家雷蒙德·霍尔（Raymond Hull）写的书《如何写剧本》（*How to Write a Play*）：

主角+目标+阻力=冲突

这个公式总结得很精辟，任何一个初学讲故事的人照着这个公式来组织语言，都可以很快地把故事的冲突设计出来。

主角的目标可能是一个明确的目标，如完成某项任务、通过某个考核、赢得某个订单等，也可能是内心的一种渴望，如渴望被老板或客户认可、渴望被公平对待、渴望开心地工作等。主角的目标还可能既包含明确的目标，也包括内心的渴望。

主角的目标最好立刻承接在铺垫之后，以保持故事节奏紧凑。因为越早交代目标，听众就会越早代入主角的角色，关心故事的发展。

交代完主角的目标之后，故事讲述者就可以谈谈主角在实现目标的过程中遇到了哪些阻力，这就造成了故事的冲突。阻力包含内在阻力和外在阻力。内在阻力指的是主角内心的纠结、煎熬、恐惧、害怕等。外在阻力可能是环境的恶劣、他人的反对、竞争对手的干扰、市场的动荡等。

在一个故事中，可能只有一个阻力，也可能随着冲突的升级，产生了不止一个阻力。很多时候，故事的主角先是遇到了外在阻力，接着引发了内在阻力。如工作转型，原本是家人反对，即外在阻力，等主角顶住了家人的压力真的转型后，发现对新工作有诸多不适，主角开始怀疑自己是不是做了错误的选择，即内在阻力。

在真实的经历中，我们在实现目标的过程中，很有可能遇到不止一个阻力，但是在讲述过程中，我们要根据时长来选择讲述几个阻力。如果是一般的商务演讲或发言，一个故事控制在3分钟内比较合适。冲突阶段重点讲述一个阻力即可。如果我们在年会发言，或在类似TED大会的演讲场合中讲故事，那我们在故事中可以重点讲2～3个阻力，描述冲突的升级。而时间较长的故事，如电影、电视剧，需要层层升级的冲突，才会一直牵动着听众的心，让他们想看到大结局。

在讲述个人故事时，故事讲述者的内在阻力很容易引起听众的共鸣。暴露自己的弱点会让听众回想起自己类似的挣扎，拉近与讲述者的心理距离。有弱点的人才是真实的，这份真实更打动人心。例如，我们在职场上向新人或下属分享经验时，可以讲讲自己如何克服了纠结、自我怀疑或恐惧，最终获得成长的故事。

但是根据我的辅导经验，有不少人在讲冲突时，容易犯一个错误：提前剧透。这会削弱故事的吸引力。

什么是提前剧透？我来举个例子。我曾经为一群医生上故事课，其中有一位医生在讲述他的案例时是这样讲的：

我们有一个40岁左右的女性病人，她在手术前几个月一直在吃一种活血的中药。我们那天为这位病人做一个小手术，一般情况下我们可以很快完成，但这位病人所花的时间比其他人要长不少，因为中间花了不少时间帮助她止血。

我今天给大家讲这个案例就是为了告诉各位医生：如果以后要给病人做类似的手术，一定要提前和病人沟通，全面了解病人的生活习惯。如果病人在吃活血的中药，就要提前停药。

但是，实际情况是医生在手术后才发现病人吃了活血的中药，如果在手术前发现就可避免问题的产生。讲述者在案例中先告诉听众这个病人吃了活血中药，再提到手术花了较长时间止血。这就是提前剧透，降低了冲突所带来的悬疑感。我建议他这样讲：

有一次，我们给一位40岁左右的女性病人做个小手术，在平常类似的手术很快就结束了，但这位病人所花的手术时间比其他人长不少，因为她没有像其他病人一样很快止血。当时我们就觉得挺奇怪的，于是手术完了之后我们和病人沟通，才了解到她之前几个月一直在吃一种活血的中药。所以我今天给大家讲这个案例，就是为了告诉各位医生：如果以后要给病人做类似的手术，一定要提前和病人沟通，全面了解对方的生活习惯。如果病人在吃活血的中药，就要提前停药。

上面这个短故事，长度不变，仅仅只是改变了语序，让冲突自然地引发听众的好奇心，就会吸引人去了解结果。

还有一种常见的剧透方式，就是故事讲述者在谈到困难时说："我想只要我坚持下去，肯定可以获得成功。"当你听到这句话时，是不是已经猜到了结局？而事实上，当我们遇到重重阻力时，难道内心会没有一丝犹豫和怀疑？如果改成这样："当面对这重重压力时，我犹豫了。我真的可以按时完成这个项目吗？我都有些后悔当时接了这份任务。"作为听众，你听到这样的表达，是不是会更关心接下来的故事发展？

3. 第三个S：Solution

Solution是故事的解决方案。解决方案指为了战胜遇到的阻力，主角做了什么。在整个故事发展中，解决方案是一个转折点，主角有了观念和行动上的转变，采取行动克服了阻力。

关于改变也有一个公式，来自约翰·特鲁比（John Truby）写的《故事写作大师班》（*The Anatomy of Story – 22 Steps to Becoming a Master Storyteller*）一书：

主角的弱点×行动=改变后的主角

主角的弱点在冲突阶段已经展现。在解决方案阶段则讲述主角的行动。如果冲突阶段主要是讲外在阻力，那在解决方案阶段，直接谈所采取的行动即可。但如果冲突阶段除了外在阻力还谈到了内在阻力，那在解决方案阶段，就需要叙述主角内心观念的转变，以及这个观念的转变带来了哪些行为上的改变。

不少人在故事中讲自己为什么会发生改变时，都喜欢说："有一天我早上起来照镜子，忽然明白了一个道理……"我本人不喜欢这种方式，因为我们每天都照镜子，为什么是这一天照镜子醒悟了，而不是另外一天呢？这种说法一来被人用得太多，显得老套；二来让听众感觉改变的产生不太真实。

为了让主角的改变真实可信，我们可在故事中叙述主角改变的触发器（Trigger），意思是触发了主角改变的具体的人或事。例如，别人的建议，某部电影的启发，或者发生了某件事让主角走投无路痛下决心等。如果故事发生在久远之前，讲述者要静下心回忆一下，到底是什么触动自己开始改变的。

在此我分享一个案例：

我在2014年获得了国际演讲会中国区的最高级别英文演讲冠军，当时我的演讲题目叫作"改变"。我故事中的冲突是婆媳矛盾，后升级为夫妻矛盾。我改变的触发器是与我的人生教练伊娃的一次谈话，伊娃问我："你爱你的婆婆吗？"虽然我当时的回答是"不爱"，但是这次对话触动了我的内心，我开始想我是不是应该主动去爱婆婆。

在解决方案阶段，我们讲完了改变的触发器，接着就可以谈谈主角的具体改变。如果在这个阶段有一个充满画面感的片段，故事就更能引发听众的共鸣。这个片段就是我前面提到的名场面。

我继续用"改变"作为案例，分享在这个故事中解决方案阶段的名场面：

有一天早上，我的婆婆坐在沙发上，费劲地剪着她的脚趾甲。她那天生病了，脸色发白，不停地咳嗽，手一直在抖，脚指甲剪得很困难。我在旁边看着这一幕，心里想："如果她是我的亲妈，我会怎么做？"最后我走上前，对她说："妈妈，让我帮您剪吧。"婆婆吃了一惊，不过还是把指甲剪递给了我。我蹲下来，用手握着她的脚，开始一个趾头一个趾头地给她剪。

那一刻很安静，我可以听到指甲剪的声音。婆婆面带着微笑，我也是。我们的心真正地联结在一起，心中有爱，神奇的改变发生了。

当我在比赛现场讲完这个片段时，台下自发地响起了掌声，而我根本没预计到听众会鼓掌。比赛结束后，很多听众告诉我这个场景给他们留下了深刻印象，甚至有些听众在演讲结束一两年之后，辗转加了我的微信——他们想把我的演讲视频转发给身边有类似婆媳关系问题的朋友或亲人。这也侧面说明了解决方案阶段的名场面的力量。

4. 第四个S：Result

Result是故事的结果。这个单词虽然不是以s开头，但也包含了s，所以我就用它凑成了5S结构。

当故事中的冲突解决之后，听众会想知道主角的结果如何。在职场故事中，结果不需要占用太长时间，交代2~3句即可，但是最好包含定量和定性两种形式的结果。定量结果可用数据衡量，如取得了多少业绩、节省了多少成本、提高了多少效率等。数据能直接说明结果的好坏。定性结果指主角或周围人的主观感受，如客户或领导的表扬、同事的感谢、自我的认可等。

不少人在学习讲故事技巧时会问我："我的故事有一个不好的结局，还可以讲吗？"我的回答是：只要这件事给你带来了某种意义，不管结果如何，都可以讲。例如，我们的失败事件给了自己对未来工作或生活的某种启发，我们的遗憾事件让自己更懂得了珍惜现在等。这种悲剧结果的故事也是可以讲的。

所以，故事的结果可以是喜剧结果也可以是悲剧结果。

注意，在结果阶段不要提出新的问题或困难，否则听众的注意力会被吸引到新的问题或困难上，而忽略了这个故事的意义。当然电视剧和电影另当别论，因为影视作品在结果阶段抛出新的冲突可以吸引观众观看续集。

5. 第五个S：Standpoint

Standpoint是故事的观点。虽然观点出现在5S结构的最后，但它恰恰是最重要的阶段，是整个故事的基石。在设计故事的时候，观点应该是最先考虑的部分。要先确定观点，再根据观点倒推，选取相应的故事素材。

我辅导过很多演讲选手，不少人先设计故事主体内容，到最后才确定观点。他们往往对自己的观点不满意，又反复修改。每修改一次观点，都要对前面的故事设计进行相应的修改，否则听众会有文不对题的感觉。所以先明确观点，再根据观点提炼相应故事素材，设计铺垫、冲突、解决方案和结果，会大大提升故事创作的效率。

在故事的结尾，有两种常见的误区。一个误区是故事讲述者叙述完事件后没有总结观点。这就变成了与朋友的闲聊，不适合于沟通或演讲，听众会觉得你说了半天没有重点，在浪费时间。在职场的演讲或沟通中，我们讲故事是为了传递某个观点，服务我们的表达目标。

另一个误区是不少人在结尾这样说："我想通过这个故事告诉大家三个道理……"三个道理太多，听众记不住，这样看似做了总结，但听众没记住，就是浪费时间。所以在叙述完故事的结果之后，讲述者最好用一个金句来总结想传达的观点。

金句，越短越好。在学习讲故事的初期，我们可以先从借鉴开始。处处留心皆学问，我们平常走在路上，留意身边的广告牌，看看各大品牌如何用精练的句子总结产品卖点。看到不错的，可以顺手拍下来，自己再尝试借鉴句式，创作出适合自己的金句。

为了让我们的金句更容易被听众记住，我们可以在讲故事的过程中重复2~3遍。有句话说得好：重要的事情讲三遍。重复三遍，听众更容易完整复述出观点。所以观点出现的时机，并不一定只在故事的最后，还可以在故事的开头，或者故事转折处，即主角发生改变时。例如，电影《哪吒之魔童转世》中的金句“我命由我不由天”，就是在电影的转折处首次出现的，在电影的结尾又重复出现了。

职场故事最好控制在三分钟之内，既不啰嗦又能包含足够充分的内容。5S结构虽然包含了五个阶段，但是在讲述时我们应该有侧重点。冲突和解决方案这两个阶段的篇幅可以长一点，铺垫和结果阶段要短，观点一句话即可。

二、解析三种职场故事案例的逻辑线

学习完了故事的5S结构，我们接下来阅读三个职场故事案例。通过对这些案例的解析，我相信你会更好地理解如何用5S结构来设计故事的结构。

1. 个人故事类：苏有朋的个人故事

第一个案例属于个人故事类。在职场我们最常讲的故事就是个人故事，目的可能是建立联结，也可能是激发他人的改变。

这个案例是苏有朋在真人秀节目《创造营2019》担任导师时讲的一个故事。虽然这个故事发生的场景是在综艺节目中，但是这个场景与我们职场很类似。在职场中，企业管理者经常需要跟下属交谈，鼓励他们战胜困难，通过讲述自己的故事去激励下属是很常见的做法：

在2019年4月27日的节目中，苏有朋首次与他所负责班级的选手们见面。其中一位选手向他提了一个问题："怎么面对挫折？"在看苏有朋的回答前，你也可以思考一下，如果有人问你这个问题，你会怎么回答。

提问的选手叫朱微之，他的问题是："自从首秀之后，因为我们赛制的原因，我从A班（成绩最好的班级）直接到了F班（成绩最差的班级），所以我感觉我绕进了一个死胡同里，不知道怎么钻出来。我想问老师，在经历挫折、失败或在很重要的事情上遇到困难时，该怎么很好地把它们化解？"

苏有朋没有直接讲道理，而是讲了自己的一个故事：

在拍《还珠格格》之前，因为我是小虎队成员之一，所以那时候也算是旧的偶像了，出道十年了。

我毕竟曾经在歌坛有过辉煌。可当我转行进入电视剧圈之后，我连剧组里面新人的实力都不如。我没有上过专业的课，这时我该怎么办？我和志朋算是剧组里面两个比较出名的明星。大家会觉得，好难得我们剧组里面有小虎队成员。大家把我们当明星一样对待。但是，演戏演不过别人是不行的。

那时候我就告诉自己，我得归零，我要把过去的成绩全部丢掉。我现在换了另外一个跑道。我过去所有成功的经验在这个跑道上完全用不上。我要学习，我要像新人一样学习。

即使人家是刚从学校毕业的，可是人家有过专业训练，就是比我好。我以前真的没有上过任何表演课，包括台词、口条，都是生平第一次听到。没有我的戏的时候，我就去现场，坐在监视器旁边，看老一辈艺术家的表演，像张铁林老师、李明启老师。

开始我们都没有助理，我们几个年轻人，包括赵薇、心如，我们都是自己拿着躺椅，拿着剧本，还有水，去开工的。后来我稍微存了一点钱之后，请了个助理，因为自己一个人，又要背词，又要干这些体力活，真的应付不过来。我请了助理后的第一件事情就是，我请他买了个DV，拍下我表演的每一个片段。收工之后我关在房间里面看回放，检讨我的每一处表演。

心态归零，永远客观地看待自己是非常重要的。

如果我是你，我会把我这几个月的过程当成一个挑战自己极限的过程，而不是当成一个竞技的舞台。每天给自己一个新的目标，不断超越自己，因为你一旦有办法超越自己，不断刷新自己的极限，就会成为最好的你。最后的结果和名次，就是现在的你所能做到的最好的啦。每天在跟别人比赛，你压力超大。不妨换个思维，不管最后名次如何，在这个过程里面我变成了一年前从来没有想过的更好的自己。

我用5S结构来解析苏有朋的个人故事（见表2-2）。

表 2-2　苏有朋的个人故事 5S 结构解析

铺垫（Setup）	拍摄《还珠格格》时，已经出道十年，是个旧偶像
冲突（Struggle）	故事主角苏有朋的目标是转型演戏。遇到的阻力是：没有上过专业课，实力不如人；内心压力大，因为他曾有歌坛的辉煌，剧组的人对他期望很高
解决方案（Solution）	心态上：要归零，像新人一样学习。 行为上：看老一辈艺术家演戏，在旁边学习；后来请助理买DV，拍摄自己的片段，晚上回房间检讨自己。 苏有朋这一段描述得挺有画面感，可以算是这个故事的名场面了
结果（Result）	（未提）
观点（Standpoint）	心态归零，每天给自己一个新目标，不断超越自己，成为更好的自己

这个故事铺垫迅速，不啰嗦。冲突和解决方案刻画得很生动，尤其是解决方案阶段的名场面，让我印象深刻。如果可以再打磨一下，我认为他可以在以下两个方面做出改进。

（1）补充结果阶段。你可以看到表2-2中，“结果”这栏空缺，苏有朋在故事中并没有提到结果。当然，听众都知道苏有朋靠出演《还珠格格》中五阿哥的角色再次走红，但他其实可以在故事结尾时多说两三句，提到自己通过心态归零、不断学习之后，有了什么成长，在哪些地方变成了更好的自己。这样这个故事就与最后他自己的总结更贴切了，因为他在结尾时告诉那位提问的选手，要每天挑战自己，成为一个从来没有想过的更好的自己。

（2）可提炼出一个金句作为故事的观点，以便让听众记住。这个故事最后的观点阶段有点长，说了好几个金句，如心态归零，跟自己比，不断超越自己，成为更好的自己等。苏有朋在故事的转折处只提到了“心态归零”，但最后的总结更多的是超越自己。所以我想，如果提炼成这样一句“心态归零，不断超越自己”，或许会让故事想传递的观点更聚焦。

当然，这是苏有朋即兴讲的故事，已经很好了。我们也不要强求自己第一次讲出来的故事就是精品。好故事是改出来的。有了一个初稿之后，自己多讲几遍，并录下来回看，再改进，就会越讲越好。

2. 客户故事类：阿里巴巴客户故事

第二个案例属于客户故事类。在职场中向公众或潜在客户讲述自己或企业曾服务过的客户故事，是一种很有效的方式来证明自己或企业的能力和价值。

我选取的案例是阿里巴巴2014年赴美上市宣传片中的一个故事（见表2-3）。整个7分钟的宣传片里有5分钟左右都在讲各种客户的故事，目的是想告诉观众阿里巴巴这家企业的价值。

这个故事案例仅有38秒，与第一个案例不同的是，这个故事没有讲述者，而是用视频的方式来呈现一个客户的故事。

表 2-3　阿里巴巴客户故事 5S 结构解析

铺垫（Setup）	视频的开始显示了四川德阳的拼音，表示故事发生的地点。然后出现了主角，一位残疾人女画家，在店里卖画
冲突（Struggle）	虽然没有故事的讲述者，但是通过视频画面，观众可以看懂主角的冲突：一是身处小城镇，二是身体不便，这都造成她卖画困难
解决方案（Solution）	视频通过女画家的自述，告诉了大家她的解决方案："我第一次看到淘宝那时候我对互联网没有多少认识，这个店铺里的客人啊在教我一下，复制粘贴怎么弄，这个键是干什么用的完全是靠自己这样摸索过来的。"
结果（Result）	残疾女画家继续说："大概我把画挂上去一个月之后，卖掉了第一幅画。"这时视频画面停留在她的某个淘宝商品页面，显示了 2000 元的收益。就这样用一句话、一个画面交代清楚了故事的结果
观点（Standpoint）	淘宝真是带给了我希望。没有淘宝，我在这个小县城生活，我把画卖给谁，谁又能够知道我

这个简短的故事具备完整的5S结构，最后通过这位残疾人女画家的口，讲出了企业的价值："淘宝真是带给了我希望。"

如果你在职场中也需要讲客户的故事，不妨借鉴一下这个视频的做法，最后用客户的一句夸赞来作为故事的金句，传递你的价值。

3. 提方案类：《极速车王》片段

第三个案例属于提方案类。在职场中，我们经常会需要向客户汇报方案，希望客户购买，或者向上级提出方案，希望获得上级的批准和资源支持。

在提方案时我们也可以按照5S的结构来组织思路。下面这个提方案5S

结构表（见表2-4）可供你参考。

表 2-4　提方案类故事 5S 结构解析

铺垫（Setup）	简单描述当前面临的问题
冲突（Struggle）	分析造成问题的原因
解决方案（Solution）	提出具体的解决方案
结果（Result）	采用这个解决方案将获得什么好的结果
观点（Standpoint）	一句话概括希望对方采取的行动（如请批准此方案 / 请给予我 ×× 支持 / 此方案是当前最优方案，请采纳等）

在电影《极速车王》（*Ford vs Ferrari*）中就有一个向老板提方案的片段，值得我们作为案例学习。这个向上汇报的场景发生在20世纪60年代，在福特汽车公司全球高管会议上，市场部总监埃科卡向福特汽车公司全球CEO福特二世提出了一个企业发展的提案。这位市场部总监的方案汇报思路就采用了5S结构：

铺垫：20世纪60年代福特公司汽车销量下滑。

冲突：埃科卡告诉全球CEO：“1945年我们参加二战的士兵们回家了，17年后，他们的孩子们，长大了。这些孩子们开始了工作，拿到了驾照，但是他们不想像他们父母一样开着50年代老土的车，这些年轻人想要魅力，想要性感，他们要开快车。”

这一阶段实际就是分析问题背后的原因：企业需要吸引的客户年龄层变了，需求变了。企业目前的汽车无法吸引这群年轻的客户，造成了企业销量下滑。

解决方案：埃科卡提出：“是时候让福特汽车企业进军赛车领域了。”

当他提出他的想法时，很快被老板打断了。在场的其他高管也有人提出了质疑：“过去三年你和你的市场部团队造成了我们在美国历史上最严重的销售下滑，为什么福特先生要听你的。”

埃科卡回答说："因为我们之前就想错了，法拉利，他们在过去5年内赢了四次法国勒芒24小时耐力赛，我们要像法拉利一样思考……恩佐·法拉利将成为历史上最伟大的汽车制造商，是因为他造的车多吗？不，因为他的车所代表的意义：胜利！法拉利在勒芒赢得了人们想要的那种胜利。"

在这一阶段埃科卡阐述了他的解决方案，就是要进军赛车领域，以及他想通过这个举措带来的改变，即提升福特的品牌形象，让福特的车代表着胜利。

结果：埃科卡描绘了他所提方案潜在的获益："如果福特的标志也意味着胜利那会怎么样？对二战后长大的第一批17岁的年轻人来说意味着什么？他们兜里有钱。"

埃科卡没有直接提供数据来阐述潜在的收益，只用了一个反问句，"如果福特的标志也意味着胜利那会怎么样"。不过我们在职场中提方案时，在结果阶段，如果能给出一些数据的预测会更有说服力。

观点：埃科卡告诉老板，恩佐·法拉利因为过于追求完美而接近破产，提议收购法拉利。

我看到这部影片的时候，就感叹编剧把这一段高管会议上的方案汇报设计得非常好，很接近真实的职场环境。高管会议上向CEO做汇报，很容易被打断。但是如果汇报者牢记自己的5S思路，就不会慌。并且在解决方案和结果阶段，如果能讲出老板最看重的获益，就非常有可能说服老板同意你的方案。这个影片中埃科卡就是用"提升福特品牌形象所代表的含义"这一点，成功地说服了他的老板。

我们向客户做方案汇报，也可以采用同样的思路：在冲突阶段，准确地抓住客户当前面临的痛点，让客户觉得你非常懂他们；在解决方案和结果阶段，讲出你的方案将如何解决客户痛点，以及可取得客户渴望的获益。这样你的方案将非常有吸引力。我辅导过不少企业的销售总监，他们都很喜欢这个5S方案汇报思路，它可以高效地帮助他们整理思路、抓住重点。

总结一下，上述三个不同类型的故事案例让我们看到故事在不同职场情景中的运用。当然纸上得来终觉浅，绝知此事要躬行，希望你在学习了故事的逻辑结构后，能尝试使用，通过练习加深理解，再逐步优化你的故事。

本节内容回顾提问

1. 本书提出的5S故事结构中5个S分别是什么？

S______铺垫，

S______冲突，

S______解决方案，

Res______结果，

S______观点。

2. 在本节中分享的冲突的公式是什么？

冲突=______+______+______

3. 在本节中分享的改变的公式是什么？

主角的______×______=改变后的主角

4. 5S结构中哪两个阶段的时间占比比较多？

5. 观点可以在故事的哪个阶段出现？

A. 故事的开头

B. 故事的转折

C. 故事的结尾

D. 以上皆可

本节作业

1. 使用5S结构，讲述自己曾经克服某个阻力的故事（时长2分钟）。

第三节

两种情绪线让故事更动人

一个好的故事会引起听众或读者的情感联结，带动听众或读者的情绪起伏。正是因为有这样的情绪感染力，好的故事才让人印象深刻、牢记于心。真正的影响力离不开情绪上的联结。

一、两种常见的故事情绪曲线

在第一章第二节“好故事的四大要素”中，我用了一种食物来代表故事的情绪曲线。你还记得是哪种食物吗？对，是巧克力，巧克力有苦有甜，我们在故事中也会经历苦和甜两种情绪。

常见的故事情绪曲线有两种。

1. 先苦后甜

先苦后甜的情绪曲线指的是：在故事的前半部分，主角遇到的困难越来越多，且层层升级，让听众或读者关心主角的命运，内心焦虑、紧张，甚至伤心。在后半部分，主角逐步战胜了困难，听众或读者的心情开始充满希望，最后主角获得了圆满的结局，听众很开心。

图2-1所示为先苦后甜的情绪曲线。

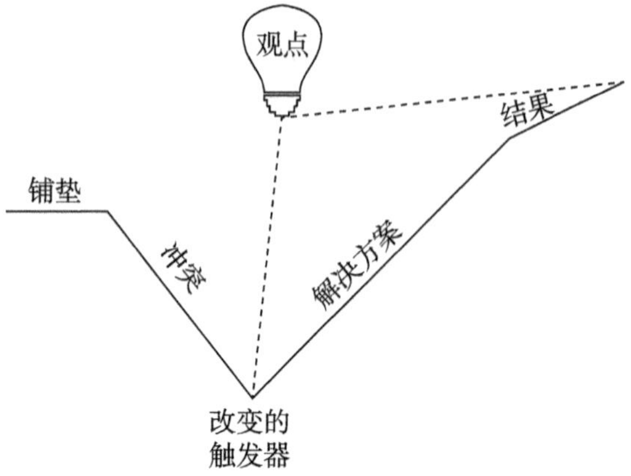

图2-1 先苦后甜的情绪曲线

在上图中，观点处有一条虚线连着改变的触发器，另一条虚线连着结果，这意味着观点可以出现在这两个阶段。有时观点也会出现在故事开始，不过这种情况有剧透的可能，并且不多见，因此图中只将观点与改变的触发器和结果相连。

2. 先甜后苦

先甜再苦的情绪曲线指的是：在故事的铺垫阶段、冲突的前半段，主角的情绪是上扬的。在冲突的前半段，可能是阻力不够强，或者是主角没有太在乎，听众或读者能感受到主角心情总体上是开心或甜蜜的。但冲突的后半段开始转折，冲突带来的阻力大于主角解决问题的动力，主角选择的解决方案是逃避、放弃或者是错误的做法等，最后以悲剧收尾，听众的心情也随着主角命运下滑而越来越低落。

图2-2所示为先甜后苦的情绪曲线。

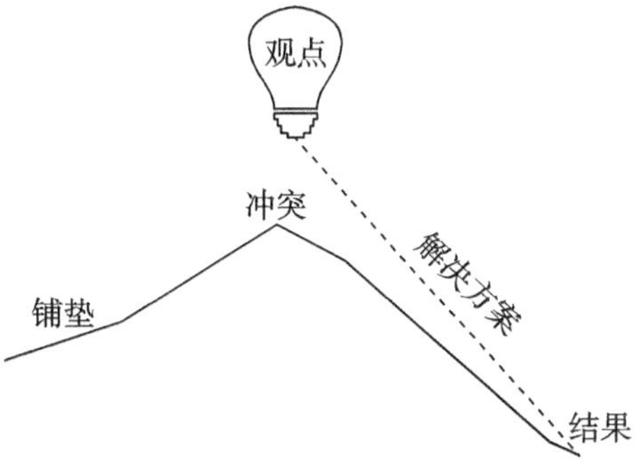

图2-2 先甜后苦的情绪曲线

在这幅图中，观点只与结果之间有连线，因为这种情况下，观点通常在结果后才出现，是故事讲述者从悲剧事件中得到的反思。图中没有改变的触发器，是因为在先甜后苦的故事中，不一定会有明显的触发器。

讲故事的初学者，比较容易接受先苦后甜的情绪曲线，因为这样的故事让不论是讲述者还是听众都感到开心。但是初学者对于先甜后苦的情绪曲线往往有疑虑。经常有人问我："以前失败的经历，现在已经无法改变结果了，是否值得作为故事来讲？"我的态度是，只要你自己愿意通过这个故事传达对你而言很重要的观点，就是值得讲的。你把失败的经历分享出去，别人可以从中吸取教训，避免重蹈覆辙。并且有的时候，愿意分享自己的悲剧，也是一种自我疗愈，帮助自己从悲剧中寻找到意义。所以我们并不要惧怕讲先甜后苦的故事。

小说、电影或电视剧也会使用这两种情绪曲线。例如，电影《肖申克的救赎》《哪吒之魔童降世》采用的是先苦后甜的情绪曲线，以校园霸凌为题材的电影《少年的你》则是先甜后苦的情绪曲线。情节更跌宕起伏或篇幅更长的影视作品，可能会叠加几次情绪曲线，例如，电视剧《三生三世十里桃花》叠加了三次先甜后苦的情绪曲线。

当然不同的影视作品情绪曲线的幅度也不同，上述的影视作品都让人大哭大笑，而有些作品的情绪起伏比较小，观众的心情可能是淡淡的愁和淡淡的喜。例如，“爱在系列三部曲”（《爱在黎明破晓前》《爱在日落黄昏前》《爱在午夜降临前》）整体情绪起伏就比较小。通常来说，情绪起伏更强烈的影视作品更容易让人记住具体细节。

我想通过以下两个案例，来说明如何在故事中塑造情绪曲线。第一个案例来自《奇葩说》2020年1月播出的《“妈妈是超人”是不是一种赞美》这期节目。傅首尔在这期节目中是正方，她的观点是“妈妈是超人”这句话是赞美。她讲了一个故事：

我觉得最重要的一点是，我们必须把这句话当作赞美，因为我们应该去相信赞美的正面力量。这句话肯定了女性的努力，把妈妈的“不得已”表达成“了不起”，你知道这是一件多么重要的事吗?

在我小时候，我妈在粮店工作，她经常要跟那些男的一起去扛米包。一米六不到却要扛一两百斤，谁也不会夸她是超人。

那时候我听得最多的评价是“离了婚的女人真不容易”。这句评价只会让人产生自怜，所以我妈经常叹气，说“上辈子没干好事”，或者摸着我的头说：“你什么时候才能长大，妈妈就熬出头了。”小学有篇作文大家都写过，叫我的理想，很多同学写“我想当医生”“我想当科学家”，我写“我想长大”。我们当时的语文老师，是一个和蔼可亲的老太太，我们都叫她袁奶奶，她把我叫到办公室问我为什么要这么写，我说因为我的妈妈太不容易了。

袁奶奶笑了，她说：“傻孩子，你不用着急，每个妈妈都不容易，但是你有一个最了不起的妈妈，你有的是时间慢慢长大。”

你们知道我那天的心情吗？我是哼着歌回家的，我把袁老师的话告诉我妈妈，我妈又哭了，她没事就哭，但我知道她那天的眼泪是不一样的。从那天起，我看到了我妈的铠甲而不只是辛酸，我看到了她的努力而不只是牺牲，我一辈子都感谢我的这位语文老师。现在我也当了妈妈，我告诉你们，我知道很多人都不喜欢“妈妈是超人”这句话，但是我喜欢。超人是孩子心里的超级英雄，是逆境中的依靠，是暗夜里的光明，因为有了她，孩子的每一个梦都是香甜的。

是的，当超人特别累。但是，只要让我的孩子夜夜安稳，我愿意穿上这铠甲。我相信也有一天会有人对他说：“多乐别着急，你妈妈是超人，你有的是时间慢慢长大。”

回想一下，刚才阅读这个故事时，你什么时候有心酸的情绪？什么时候有开心的情绪？不难看出这是一个先苦后甜的故事。

我用一张表来分析一下这个故事的结构以及情绪曲线（见表2-5）。斜向下的箭头表示苦的情绪，斜线上的箭头表示甜的情绪。

表 2-5 傅首尔故事的 5S 结构及情绪解析

5S 阶段	内容解析	听众的情绪
铺垫（Setup）	小时候妈妈在粮店工作，经常要跟那些男的一起去扛米包	心疼↘
冲突（Struggle）	有两层冲突，第一层是父母离异导致妈妈一个人承受生活重担而引发自怜；第二层是自己不忍看到妈妈的艰辛，自己对母亲的怜悯。故事的主角傅首尔的目标是希望自己快点长大，来让妈妈幸福	酸楚、伤感↘
解决方案（Solution）	转折的触发器是袁奶奶的一番话，改变了主角对母亲的看法，启发了主角找到解决方案，即换个视角：原来主角的妈妈是最了不起的妈妈，主角不需要去怜悯妈妈，主角可以享受欢乐的儿童时光，慢慢长大	欣慰↗

续表

5S 阶段	内容解析	听众的情绪
结果（Result）	当下的结果是“我哼着歌回家”，主角心情变好，开始欣赏妈妈，妈妈也欣慰了。长远的结果是故事的讲述者现在对于孩子的态度	开心、鼓舞 ↗
观点（Standpoint）	你妈妈是超人，你有的是时间慢慢长大	充满希望 ↗

下面是十多年前我在国际演讲会的比赛上讲的一个令我遗憾的故事：

我大学读的是英语专业。大二的时候，班主任换成了一位三十来岁、脸圆嘟嘟的女老师，教我们精读英语，她姓钱。钱老师刚来，我就很喜欢她。她的课上有很多互动，我很喜欢这种风格。她也很喜欢我，因为我上课会主动举手回答问题。我刚认识她时，就对她感到很亲近，部分原因是，我是班级团支书，跟班主任的交流会多一些，更多的原因是，被老师喜欢让我很开心，自然跟她的心理距离就很近。

钱老师给我们上了两个多月课。某一天晚自习，我们班班长和学习委员来找我，递给了我一封信。我打开一看，才知道他们要联名上书给系主任，要求换掉钱老师。我当时就懵了，我心想：钱老师不是挺好的吗。然后他们就跟我吐槽钱老师，说她管得太严了，把我们当高中生管理。不一会，坐在我旁边的同学们都围过来，纷纷吐槽钱老师并签字。我看大家群情激昂，就更不敢说自己喜欢钱老师了，大家都签字，我就随大流也签了。

我们全班二十几个同学，只有一个女生没有签，她叫娜娜。她没多解释，仅仅说她不想签。第二天一大早，我们几个班干部就去系主任那提交联名书。系主任大吃一惊，跟大家协商后的结果是：他让钱老师调整一下管理风格，但让我们再给钱老师一个机会，如果两个月后还不满意，就换人。

这件事之后，钱老师真的改了很多，跟同学们的关系也越来越融洽。但是后面两个月，我都避免跟钱老师单独相处，我怕她来问为什么我也要投诉她。

慢慢地，同学们都淡忘了这件事。升大三的时候，我们要从分校区搬去本部，也意味着要跟钱老师告别了。我代表全班同学准备了一个礼物送给钱老师。钱老师接过礼物后，主动跟我说起了之前被我们弹劾的事。她说她在家哭得很惨，人生第一次被学生弹劾，心里很难受。当然她也谢谢我们让她成长了。临走时，她说了这样一句话："我没有想到，我们班居然是娜娜一个人没有签字。如果让我猜我们班谁不会签字，我肯定会猜你，刘颖丹。"

钱老师那句话，就像一根针一样刺在我心里，很痛。到现在，这都是我非常后悔和愧疚的一件事。

我后悔当时没敢向同学们讲出自己的真实想法。或许我可以告诉大家，其实钱老师也有不少优点，可能随大流的同学就被我影响了。或许我可以跟同学们说：我先去跟钱老师沟通下，让她改，我们不用直接弹劾她，毕竟我们的举动会给她的职业带来一个污点。哪怕当时我这些都说了，但没用，我心里也会好受一些，至少我讲出了心里话。

我今天分享这个故事，是想跟大家说，不管我们今后遇到什么样的环境，学了多少表达技巧，一定要忠于内心最真实的声音。

你在阅读上面这个故事时，经历了哪些情绪？不难看出这个故事就是先甜后苦的情绪曲线（见表2-6）。

表 2-6 刘颖丹故事的 5S 结构及情绪解析

5S 阶段	内容解析	听众的情绪
铺垫（Setup）	我们换了班主任，简单描述了钱老师的年龄和外貌特征：三十来岁、圆嘟嘟的脸	平静、好奇↗
冲突（Struggle）	初始部分其实很甜，虽然是初相识，但是钱老师与我关系不错，相互欣赏。这部分主角的情绪是开心的。 故事的冲突和转折来临，很多同学要联名上书弹劾钱老师	开心 纠结↘
解决方案（Solution）	虽然我内心喜欢钱老师，但我选择了沉默和随大流	无奈↘
结果（Result）	钱老师改变了，与同学们和睦相处了，但是最后告诉我她万万没有想到过我也会签字，有一种没有讲出口的被背叛的感觉	懊恼 内疚↘
观点（Standpoint）	一定要忠于内心最真实的声音	触动↗

上述两个案例都是公众演讲中的故事案例，可能有人会问："如果是职场沟通或汇报中讲故事，我们也需要引发听众的情绪吗？"其实，人的决策并不仅仅基于理性，很多时候感性在决策中起到决定性作用。所以在职场沟通或汇报中，如果你不仅仅有好的逻辑，还能激发听众的情绪，你会更好地实现沟通目的。

二、情绪曲线在职场沟通表达中的运用

首先我想分享两种不同的表达方式，请你来判断一下，哪一种更令你印象深刻。

方式一

我想向大家汇报一个好消息，今年我们××之家旗舰店将突破10000家门店。

读完上述这句话，你是为之振奋，还是心情平静，甚至持怀疑态度？

在职场中，我们很多人都是这样平铺直叙地汇报工作和成绩，如面对客户时说企业去年取得多少销售额、达到多少用户数，年终工作总结时说自己去年做了多少事项等。汇报者以为讲出来的数据，已经足以说明自己的成绩了。但是，听众未必会觉得这些数据是好成绩，即使听众知道些数据是好成绩，也未必如汇报者想的那样喜悦。

方式二

我想为大家汇报一下我们新零售的工作进展。在去年11月，我们立了一个长期目标，就是让每位用户的身边都有一个××之家。并且我们也立了一个一年的目标，让每个县城在未来一年都有一个××之家。这个目标立了后，我们发现工作的难度真的很大。中国有2800多个县，去年这个时候我们在县里的××之家只有几百家，覆盖率不到30%。今天我想跟大家汇报的是：××之家县城覆盖率已经超过80%，今天已经在2200多个县城有了××之家。虽然我们的县不仅多，并且差异特别特别大，中国最大的县的人口大约为250万人，但最小的县人口不到7000人。所以对于边疆的我们县的覆盖还需要一点时间。但是每个县城覆盖的目标我们不会改变。今天我想宣布一个好消息：到这个月的月底，××之家的数量将达到10000家。

读完上述这段话，看到“10000家”这个数据时，你的心情如何？这两种不同的表述方式让你的情绪有何不同？其实方式二中这段话里提到的“××之家”即小米之家。这段话是小米集团中国区总裁、Redmi品牌总经理卢伟冰于2021年10月28日在Redmi Note 11 pro新品发布会的开场白。我当天观看了这场新品发布会的直播，一开场就被他所吸引。他采用了先苦后甜的叙事方式，当我听到他最后说达到10000家店时，我真的替这家企业感到非常高兴。

我通过表2-7来解析这段开场故事的先苦后甜情绪曲线。

表 2-7　卢伟冰故事 5S 结构和情绪解析表

5S 阶段	主要内容	我作为听众的情绪
铺垫（Setup）	主角的目标：去年 11 月立了一个目标，即每个县城建立一个小米之家	一开口就讲出目标，吸引我听下去，关心小米能否实现目标
冲突（Struggle）	发现工作难度大，覆盖率不到 30%。县与县的差异很大	我听到这才意识到原来这挺难的。多了一分担心
解决方案（Solution）	（未说明）	这是发布会的开场白，目的是迅速抓住听众注意力，并在开场调动听众的热情。重点在情绪的营造而非讲一个完整的故事。所以省略掉具体的建店过程，让故事节奏更紧凑，更快进入高潮部分
结果（Result）	已经在 2200 多个县城建立了小米之家，覆盖率已经超过了 80%。本月底小米之家将达到 10000 家	卢伟冰在现场宣布好消息，即月底将达到 10000 家时，现场爆发出热烈的掌声。我在观看直播的时候都有点热血沸腾，替这家企业感到开心
观点（Standpoint）	让每位用户的身边都有一个小米之家	这句话实际出现在故事的开场，听完结果后更加感受到这家企业实现目标的决心

在汇报企业或自己的成绩时，我们可以借鉴这个案例的做法，采用先苦后甜的叙述，让听众在最后听到好结果时拥有喜悦、兴奋或骄傲的情绪。

在Redmi Note 11 pro新品发布会上还有一个很有趣的视频，用先苦后甜的情绪线渲染突出产品的卖点。

Redmi Note 11 pro这款手机有一个卖点是：120W超级快充，即充电只需15分钟。Redmi产品总监王腾在发布会上讲出这个功能时，理智上我知道这应该是个好功能，但我的情绪并没有激动，直到他播放了一个产品视频。

话外音：一部手机充满电大约需要50分钟，普通人可以在水下闭气约两分钟。一口气的时间能否充满一部手机？对专业人士来说这也是一个极限挑战。这次Aleix Segura Vendrell（2016年水下闭气吉尼斯世界纪录获得者）将和Redmi一起，挑战时间、改写规则。

视频画面：挑战试验现场，一个整洁干净的房间中央有一个水缸，旁边有一个充电柱，墙上挂着计时器，几个穿着蓝色工作服的人员摆放好各项设备。Aleix穿戴着潜水服装，进入水缸。当他沉入水中时，工作人员开启手机充电，墙上的计时器开始计时。

（紧张的音乐）时间一分一秒地流逝，手机屏幕上显示着充电的百分比，到99.71%时，可以看到Aleix在水缸中的状态已经不太轻松，头微微向上仰仿佛想冒出水面。视频还配上了砰砰砰的心跳声效，作为观众的我，不禁替他捏了一把汗。一声滴响，手机屏幕上显示完成100%充电，Aleix过了几秒后冒出水面。墙上时钟显示：15分05秒。

房间里的工作人员一起鼓掌，等Aleix从水缸中站起来时，工作人员笑着一一与他握手，表示祝贺。

你有兴趣的话，不妨自行搜索这个视频观看。整个视频时间不长，但是有很强的情绪渲染力，作为观众的我，经历了过程中紧张、刺激到最后兴奋的情绪。看完这个视频，这个15分钟充满电的功能已深深地印在我的脑海中。小米市场部的人员很有创意，把挑战水下闭气时间与手机充电时间联系在一起，通过一个挑战故事，营造了先苦后甜的情绪变化，让观众产生代入感，从而牢牢记住产品特点。

在视频之后，王腾也是通过先苦后甜的讲述方式来介绍产品特点。他介绍了团队如何克服成本高、技术难和芯片缺的困难，成功地打造出与竞品相比，电量更大、机身更薄、充电更快的产品。并且还反复提到一个金句：120W神仙秒充，充满只需一刻钟。

从第二个案例，我们可以看到把理性的产品功能与感性的故事相结合，可以让用户身临其境地体会到产品优势。

而先甜后苦的情绪曲线常用于政府部门拍摄的安全警示教育片，大家都很熟悉，就不具体分析了。

整体来说，在职场的沟通中，先苦后甜的情绪曲线运用的场景较多。表2-8汇总了两种情绪曲线在职场中常见的应用场景。当你需要做下述类型的沟通时，不妨尝试相应的情绪曲线，看看是否能达到更好的沟通效果。

表 2-8　情绪曲线应用场景

先苦后甜	汇报工作成绩 突出产品卖点 推荐解决方案 激励他人行动
先甜后苦	分享失败经验，以说服他人避免重蹈覆辙

三、三种在故事中营造情绪的方式

了解了故事的两种情绪曲线，你可能会问，到底如何在故事中营造情绪呢？主要有三种方式。

1. 直接用情绪词汇表达主要人物的情绪

营造情绪最直接的方式就是告诉听众你的感受，使用情绪词汇描述出你的情绪，让听众了解你的心情。例如，苦的阶段，可以用这些词汇：孤单、害怕、担忧、心疼、犹豫、自我怀疑等。甜的阶段，可以用这些词汇：欣慰、兴奋、惊喜、甜蜜、充满勇气、有成就感、豁然开朗等。

但有一点要注意，讲故事时要避免过度地渲染情绪。我听过不少人在讲困难时，说了一连串程度比较深的情绪词汇，如“感觉天都要塌下来了”“痛不欲生”“气愤至极”等，但听众觉得这个困难也不是太大，过度地渲染就会让听众有疏离感，认为你小题大做。当然如果一个小冲突真的对你造成了很大的困扰，可以用一两句话说明一下为什么对你而言那么难，这样听众会更好地理解你的情绪。

2. 通过场景描述让听众感受主角的情绪

这是一种更细腻地表达情绪的方式，故事讲述者并不直接讲出情绪词汇，而是通过有画面感的语言，把主角当时所处的情景描绘出来，听众会身临其境地感受到主角的情绪。本书第三章第一节会专门讲如何通过五感词汇创造画面感。

3. 幽默

第三种营造情绪的方式是幽默。适当的幽默会让听众轻松一笑，瞬间拉近与故事讲述者的心理距离。即使在苦的情绪阶段，也可以通过幽默来调节一下氛围，让听众心情不那么沉重。幽默也会给听众留下更深刻的印象，让我难忘的故事往往是笑中带泪或泪中带笑的。在本书第五章第五节会专门谈到如何在故事中添加幽默。

本节内容回顾提问

1. 常见的两种情绪曲线是?

2. 营造情绪的三种方式是?

本节作业

1. 用先苦后甜的情绪曲线讲述你的一个成功故事（时长2分钟）。

2. 用先甜后苦的情绪曲线讲述你的一个失败故事（时长2分钟）。

第四节

故事地图让你拥有故事银行

很多人初学讲故事技巧时，都说自己最大的障碍是没故事可讲。其实我在学讲故事技巧前也有着同样的想法，但是经过多年实践，我发现只要有一颗愿意发掘故事的心，每个人都有值得被聆听的故事。而画故事地图就是一种非常好的发掘自身故事的练习。我的学员在画完故事地图后，常常这样感叹："我平淡的人生其实也是不平凡的，原来我也是有故事的人！"

我会为你分享两种画故事地图的方式。不过在学习具体怎么画故事地图前，我们要先进入画故事地图的正确状态，即享受"冒泡泡"的状态。

一、画故事地图的正确状态——享受"冒泡泡"

什么是"冒泡泡"？你用铝制水壶烧过开水吗？过去没有电水壶时，烧水都是把铝制水壶放在灶上烧，水烧开后会咕噜咕噜地冒泡泡。当我们的大脑思路如泉涌时，就好像水烧开了一样，很多好的想法会冒出来，这就是"冒泡泡"的状态。

那怎么可以进入到"冒泡泡"的状态呢？

我跟国际呈现教练中心联合创始人黄重生老师学习了一个C盘和D盘的比喻。假设我们的大脑类似电脑一样有C盘和D盘的话，C盘是评判盘

（Comment），D盘是资料盘（Data）。评判盘负责对自己或对别人进行评判，就像我们在做事时，脑中跳出来一个小人，站在旁边对自己进行指指点点。例如，你在台上演讲，看到台下一双双眼睛，你的评判盘就跟你说："千万别忘词，别丢脸。"资料盘中储存着我们的人生经历、所学的知识和技能等，不管我们年龄多大，都或多或少积累了一定程度的资料。我们的故事素材就来源于我们的资料盘。

我想分享我在学生时代两次上台演讲的经历，一次是在小学五年级，一次是在高二，读完了我的这两段经历，你会更深刻地体会到什么是评判盘，什么是资料盘：

我在小学五年级的时候，第一次参加演讲比赛。那是学校六一儿童节举办的演讲比赛，提前一个月进行海选。海选的形式是：每个班推荐一两个学生去陌生的班级演讲，表现优秀的学生参加六一儿童节的演讲决赛。我荣幸地获得了海选的资格，这不是因为我演讲能力强，而是因为我当时成绩不错——老师们一般喜欢把抛头露面的机会给成绩好的学生，但成绩并不等同于演讲能力。

演讲的那天，我去到一个班级，有四十多双陌生的眼睛盯着我，我超级紧张。其实我早就写好、背好了演讲稿，但是我那天一上台才讲了几句话，就忘词了。我当时整个人就愣住了，实在想不起来，后面要说什么。幸亏我带了小抄，于是我就偷偷摸摸把纸拿出来，放在桌子底下，我就这样看一会稿再瞄一眼台下的同学。终于念完了，我走出门就看到校长正站在后门口透过门缝巡视，他看到了我前面的表现。他对我说："刘颖丹，你一会去隔壁班再讲一次。"我一听到这句话就崩溃了。

现在回想起来，他是想再给我一次机会，但那个时候我想的是：好不容易讲完了，我怎么还要再来一遍。迫不得已，我又来到第二个班级，然而我一开场又忘词了，我又拿了小抄出来，这次我全程低着头读演讲稿，眼睛完全不敢看台下。后来，底下的同学叽叽喳喳地讲话，他们的声音甚至超过了我的声音。我就这么读完稿子，灰溜溜地出去了。

出去后我又看到了校长，原来他一直在观察我的表现，他这次看到我，什么话都没说，叹了口气，摇了摇头，就走了。他那声叹气我一直都记得，让我无比的自责和羞愧。因为我能接受让自己失望，但很不能接受让别人对我失望。

后来我就避免任何上台演讲的机会，因为我不想再让别人失望了。

我这样的状态一直延续到高二。有一天早自习，我们班的一个女生小谢忽然坐在座位上哭了，我们围着问她为什么哭。原来她爸爸生病在城里住院，急需输血。她家境贫寒，家里为了爸爸的病已经花了不少钱，实在没有钱去买血袋了。同学们都特别着急，都在想怎么办。忽然有个同学说，我们去募捐吧，学校有那么多班级呢，每个班上基本都有三四十个学生上早自习，应该能募到不少钱。于是我们就兵分几路，每两个同学一组，负责去不同的楼层进行募捐。

我跟一个小伙伴被分配到楼上的一层，要进去的时候小伙伴说："刘颖丹你去讲，我来收钱。"于是，我直接冲到台上，完全没有在乎别人惊讶的眼神。我大声地告诉台下的同学，我是谁，我们班的小谢发生了什么事情，我们非常希望他们可以为她捐钱。我大约讲了两三分钟，台下的同学们就都拿出钱来了，一元、两元、五元、十元。

我们那天就这样跑了八个班，等我回到教室坐下来后我才意识到我的心在咚咚咚地跳，原来我前面一直都是非常紧张的，但那天我克服了我的上台恐惧症，在那八个班级非常流畅地把我的想法说了出来。那天之后我就不害怕上台了。

我学到黄重生老师讲的评判盘和资料盘的比喻后，反思了这两次演讲经历。

小学五年级那次失败的演讲经历，是因为我的评判盘太强大。那时候，我心里想的是：同学们会不会喜欢我？我今天能不能表现好？会不会获得老师的表扬？这些念头都是来自评判盘的杂念，我关注的是自己和他人对我的评判。

高二那次我发表即兴演讲为同学募捐，我一点没有考虑台下的人是否喜欢我，这些不重要。我脑海里只有一个目标：希望同学们可以帮助我的同学小谢。高二这次即兴演讲我一丝杂念都没有，全部注意力都在我的资料盘，即我要表达的内容。

通过分享上述两次演讲的经历，我想说的是，我们要想进入文思泉涌般冒泡泡的状态，要先关闭我们的评判盘，把资料盘打开，关注自己想说的话。无论是表达，还是画故事地图，都需要专注在资料盘，才有可能进入“冒泡泡”的状态。

所以画故事地图的时候，你不要想自己的故事普不普通、别人想不想听，而要专注于回想自己的经历，想到什么经历，就画在地图上。

可能你会问，如果评判盘还是会出来怎么办？没关系，如果它出来，对它说：你先休息一下，等我需要你的时候再邀请你出来。其实评判盘并非完全不好，在第二章第一节讲了在设计故事的时候我们要考虑听众的期待，那是评判盘发挥作用的时候。但是在积累素材、发掘故事的阶段，我们需要专注在资料盘，放下评判，享受“冒泡泡”的状态。

二、故事地图的两种画法

1. 思维导图法——从情绪触发事件开始冒泡泡

不知道你有没有留意过，什么样的人物关系和事件会容易触动你的情绪？我把这些容易引发他人情绪的事件称为情绪触发事件。

我总结了六种容易触发情绪的事件（见图2-3）：不公对待、失去、失败、成功、获得、被重视/认可。前面三种（不公对待、失去和失败）容易引发负面的情绪，如委屈、怜悯、愤怒、害怕、不舍、难过、愧疚、不甘心、自我怀疑、自责等。后面三种（成功、获得、被重视/认可）会引发积极的情绪，如成就感、兴奋、喜悦、甜蜜、欣慰、自豪等。

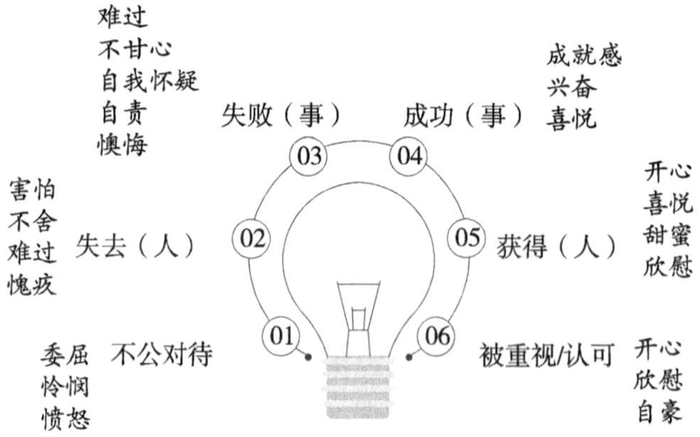

图2-3　六种情绪触发事件

这些情绪触发事件可以关联到一些具体的故事场景，例如，失去的场景可能有葬礼、离婚、情侣分手、被解雇等，获得的场景可能是告白、结婚、孩子出生、拿到工作offer、与客户签订合同等。这些场景都可以发展成为触发听众情绪的故事。

所以我们可以用思维导图的形式，从这六种情绪出发事件展开，来画个人故事地图（见图2-4）。

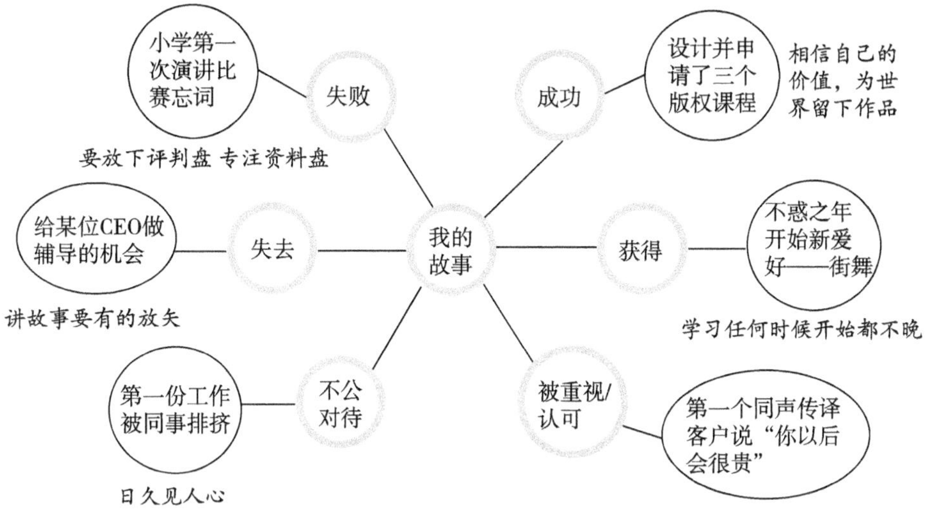

图2-4　刘颖丹的故事地图版本一

画上面这个故事地图大约花了我半小时，画的时候我很沉浸其中，这个练习甚至让我想起来了一些淡忘的事情。我在纸的正中写上“我的故事”，然后往外扩散，写下“不公对待”“失去”“失败”“成功”“获得”“被重视/认可”六个关键词。我再从每一个关键词联想，写下相应的个人故事素材，以及我想通过这个故事传递的一个观点。

如“不公对待”，从这个词我想到了第一份工作被同事排挤的事。大学毕业后第一份工作，在与同事们聚会时我的一个无心之举让当时的活动组织者不开心。她是比较活跃的人，常常组织同事的聚会，后面就都不邀请我了。不过后来其他的同事慢慢了解我后，有人告诉了我被排挤的原因，不少同事也变成了我的朋友。所以即使我在工作的第一年被排挤过，我也过得很开心。我想通过这个故事传递的观点是：日久见人心。

从“失去”，我联想到了我曾经失去了给一位CEO辅导的机会。我在本章第一节写了这个故事，想传递的观点是讲故事要有的放矢。

从“失败”，我联想到了小学第一次参加演讲比赛忘词的经历，在前面讲述冒泡泡状态时我写了这个故事，想传递的观点是要放下评判盘，专注资料盘。

从“获得”，我联想到了不惑之年开始学习街舞的经历。我在本书第四章第一节“有故事的自我介绍”中会讲述这个故事。

从“被重视/认可”，我联想到了我第一个同声传译客户，在服务结束时他对我说：“你以后会很贵。”我36岁时曾经在公众号上写过一篇关于自己成长的文章，里面就写了这个故事。

从“成功”这个关键词，我想到的是近三年我开始有了作品观，把自己多年培训的内容写成版权课，并录制成系列视频课。这个故事在我录制的“培训小白到培训高手的33节课”系列微课中有讲述。想传递的观点是要相信自己的价值，为世界留下自己的作品。

我的故事地图中的每个故事素材，都在不同的场合派上了用场。其实我们不是没有故事，而是没有用心挖掘故事。当你进入冒泡泡的状态，通过情绪触发事件来联想故事素材，你会有意想不到的惊喜。

2. 人生曲线图法——从出生画到现在

第二种故事地图（见图2-5、图2-6、图2-7）可能会带给你更多的惊喜，不过要花费的时间会更长。不妨找一个安静的空间，给自己一个小时的时间，回忆一下你的人生经历吧。如果条件允许，你还可以放点音乐，因为适宜的音乐可以帮助我们冒泡泡。

你可以准备几张空白A4纸，在每张纸上从左向右画你的人生曲线图的一段，然后拼在一起。第一页的左边画上小人的图形，代表你出生了。然后开始回想从小到大对你有意义的事件。我习惯用红色记录让我有积极情绪的事件，蓝色记录有负面情绪但是对我也有意义的事件，绿色纪录我想通过这个故事传递的观点。

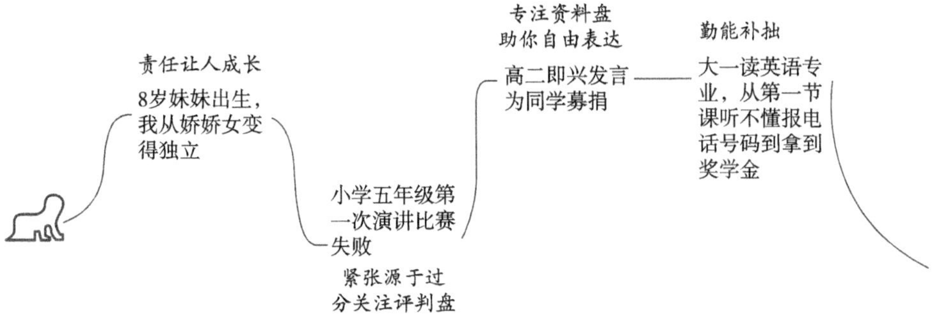

图2-5　刘颖丹的故事地图版本二（第一页）

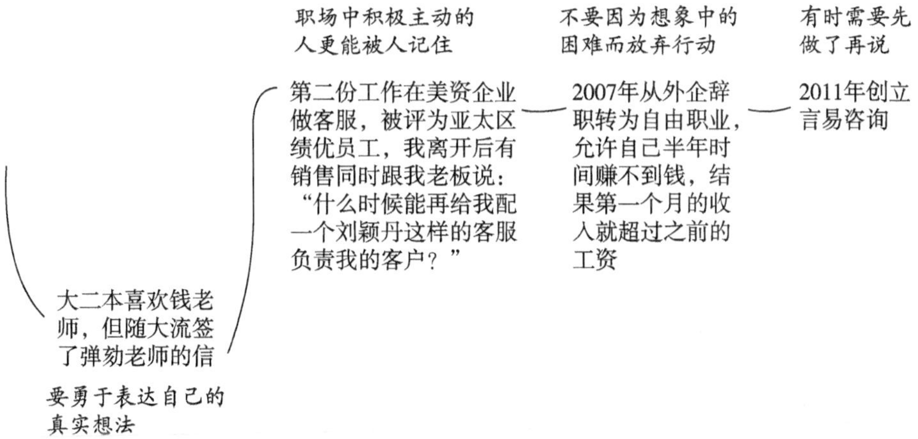

图2-6　刘颖丹的故事地图版本二（第二页）

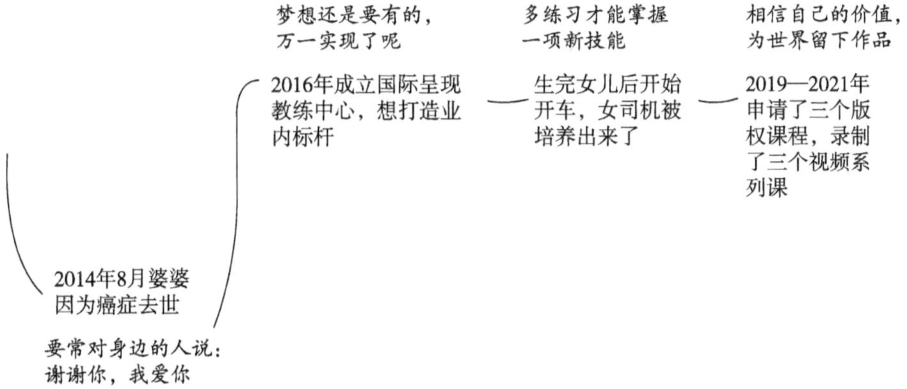

图2-7　刘颖丹的故事地图版本二（第三页）

关于如何画好人生曲线图，我有几点想提醒。

（1）这里所说有意义的人生经历，不是说取得了丰功伟绩才算有意义。我们也不需要去跟别人比，很多事看上去很普通，但只要对你有意义，就值得写下来。比如我的故事地图上第一个事件是8岁时妹妹出生了，让我这个被宠爱的娇娇女变得更独立。我同龄的人中有弟弟妹妹的不少，他们没觉得弟弟或妹妹出生是有特殊意义的事，但对我来说很有意义，所以我就写下来了。我想通过这个故事传递的观点是责任让我成长。

（2）带给我们负面情绪的事件一样值得被记录。例如在我的人生故事地图中，我写出了三个带给我负面情绪的事件：小学五年级第一次演讲比赛失败、大二本喜欢钱老师但随大流签了弹劾老师的信、2014年8月婆婆因为癌症去世。

这三个素材我都以故事的形式在不同的场合讲述出来了。在本章中你已经阅读了我小学演讲比赛失败和弹劾钱老师的故事。我在2014年的国际演讲会全球半决赛讲了我婆婆去世的故事。当时医生教我们如何与临终病人告别，其中两点给我震撼比较大，就是说感谢和爱你。我在全球半决赛的英文演讲题目就叫“Thank You I Love You”，中文意思是：谢谢你，我爱你。这是一个偏沉重的演讲，现场很多人都流泪了，我想通过这个故事告诉大家，多珍惜身边人，多对他们说“谢谢你，我爱你”。

（3）一定要写出故事的观点。这一点我在5S部分已经讲过，我故事课上的学员有时会只写故事的主题，没写通过故事传递的观点，导致在后续设计故事的时候，把故事讲得太复杂，或者范围太广。如果你确定好观点，后续设计故事时选取说明这一观点的细节即可。这样可以避免把故事讲成人生的纪录片。

我一共画过三次人生曲线图，每次都有新的收获。这真的是值得每个人做的一个练习。

三、故事地图的用途

你故事地图中的素材都是你的宝藏。通过运用前两节所学的故事5S结构和情绪曲线，你可以把故事素材设计成长版或短版个人故事。长版故事可以成为你在自媒体上发布的原创文章，短版的故事则可用于你的演讲、培训或一对一沟通中。

在第三章、第四章，我还会分享语言技巧，以及如何在不同商务场景使用故事。你可以随时从你的故事地图中调取素材来做练习。在你看完整本书并完成相应的练习后，你就产出了多个今后可用的故事。

我有很多学员都说，画故事地图是让他们触及内心灵魂的时刻。有的人画着画着甚至不自觉地哭了，因为他发现自己的人生原来很精彩，自己原来拥有着一颗有趣的灵魂。我有一位学员曾这样总结：“画故事地图，就是在平凡中发现亮点。”

今天你也来做一下这个练习，挖掘你的故事宝藏吧！

本节内容回顾提问

1. 本节中C盘指什么？ D盘指什么？

2. 如何进入“冒泡泡”的状态？

本节作业

画出你的故事地图。

使用魅力语言为故事添色

第三章

本章我会分享“5+3+2+1”的故事魅力语言技巧，以及各种应用案例。这些语言技巧你不仅可以用在故事中，还可用在工作或生活的沟通中。

在第一章第二节中我曾用四种食物来代表好故事的四个要素，其中第三种食物是苹果，它代表名场面。有画面感的语言能帮助我们塑造故事的名场面，这也是我们本章第一节的学习内容。

第一节 五感词汇让故事充满画面感

一、刺激感官的五感词汇

我们经常会听到他人用“很有画面感”来称赞好的文章和故事。可是很少有人详细解析到底用什么样的词汇去创造画面感。本节我就来为你揭晓这其中的诀窍。

英国的Purple Feather公司于2010年2月在Youtube发布了一个名为“语言的力量”（The Power of Words）的视频。

视频开始时，只见一位60多岁的男性盲人，坐在繁华的城市街边。他身前有一个空罐子，有一块纸板竖立在他身旁，上面写着：“I am blind, please help”，中文意思是：我是盲人，请帮忙。时不时有行人在他身边经过，但是会停下来给钱的寥寥无几。

过一会儿，一位穿着高跟黑色皮鞋，戴着黑色墨镜的长发女士经过。她停下来，把这位盲人的纸板反过来，写上一句话，就离开了。此后，路过的行人纷纷驻足丢下硬币。为什么前后行人的反应有如此大的不同呢？原来是因为那位女士在纸板上写下了这句话："It's a beautiful day and I can't see it"，中文意思是：今天是美丽的一天，我却看不见。

让我们来对比这位盲人身旁纸板上的两句话。第一句：我是盲人，请帮忙。第二句：今天是美丽的一天，我却看不见。

为什么第二句话更能够唤起路人的同情心，促使他们停下来给钱呢？一个原因是第二句话有对比，激发人们的同理心。还有一个很重要的原因是这句话刺激了我们的五官感受，让我们代入盲人的痛苦中，因此同情他而愿意帮他。

"我是盲人，请帮忙"，这是一句概括性的话，缺乏具体的场景感。绝大多数职场人士在日常表达中习惯使用概括性词汇。例如，这个客户真难搞、这款软件很好、这位员工很有前途。这种概括性词汇（难搞、很好、很有前途），是不是很常见？但这样的词汇并不会让听众联想到一个有画面感的场景，因此也无法激发他们的情绪。

概括性词汇指抽象的名词、形容词和副词。例如，前面举例中的"难搞""好"是概括性的形容词，"真""很"是概括性的副词，"前途"是概括性的名词。概括性词汇往往是表达者基于自身所处的情景，观察到某些细节后，得出上面这样的结论。例如，基于客户的某些语言、表情和行为，得出这个客户"难搞"的结论。但是听众听到"难搞"这个词时，无法体会表达者所看见或听见的细节。如果我们能用词汇去描述自己观察的细节，就能帮助听众"看见"我们所经历的场景，这就是画面感，可以激发听众的情绪。

回到前面说的案例，盲人纸板上的第二句话是“今天是美丽的一天，我却看不见”。这句话中“美丽”唤醒了我们的视觉，“看不见”刺激了我们的动觉。仅仅一句话里包含两种五感词汇，让我们忍不住代入盲人老爷爷的角色，不禁感慨看不见这么美丽的世界是多么的可惜，从而对这位盲人充满同情，而想伸出援手。

当然，我并不是说概括性词汇不可用。有画面感的词汇可帮助我们塑造故事的名场面，引发情感联结。概括性词汇则可迅速推进故事情节发展，毕竟如果我们故事的每一句都运用有画面感的词汇，故事的时间就会太长了。

具体哪些词汇能营造画面感呢？其实就是我们从小就学习过的五感词汇，即视觉词汇、听觉词汇、动觉词汇（也叫触觉词汇）、嗅觉词汇、味觉词汇。

我们小时候都学过这首骆宾王写的诗《咏鹅》：鹅鹅鹅，曲项向天歌。白毛浮绿水，红掌拨清波。请你思考这首诗中有哪些五感词汇？

这首诗中有四个视觉词汇，即白、绿、红、清。动觉词汇有四个，即曲、向、浮、拨。听觉词汇即歌。这首诗仅有18字，却包含了三种五感词汇，其中视觉词汇和动觉词汇各有四个，难怪这首诗有着非常强烈的画面感。

让我们再来看两组描述对比。

第一组对比：

- 重庆的夏天潮湿闷热。
- 以前我跟朋友描述重庆的时候会说，每天好像40摄氏度下被保鲜膜裹着出汗的感觉，听到的人总会“噫”的一声。

上述两句话中，哪一句对你而言更有画面感？我猜你和我一样，会选第二句。第一句仅仅使用了概括性的形容词“潮湿闷热”，我作为读者，看到这个词时我有些许感觉，但达不到身临其境的程度。但是当我读到第二句话中“被保鲜膜裹着出汗”这个描述时，我立刻就想象出这个画面，并且跟着后面那句话发出了“噫”的声音。第二句描述刺激了我的视觉、动觉和听觉，所以它创造出更强的画面感。

第二组对比：

- 一部戏下来再回忆这个角色，大都是在阴暗，又脏又潮的环境中。
- 一部戏下来再回忆这个角色，大都是阴暗角落，潮湿街头，马路牙子上深绿色脏苔藓的画面。

第二组两个句子相比较，第二句比第一句更有画面感，因为增加了一个视觉词汇“深绿色脏苔藓”。我读到这句时，脑中自动浮现出深绿色苔藓的画面。

其实上面两组对比中的第二句话都不是我写的，而是出自演员易烊千玺之手。2019年易烊千玺和周冬雨主演的电影《少年的你》上映后，导演请每位演员在微博上发一篇小作文。易烊千玺写的短文上了热搜。我读后发现他很善于运用五感词汇营造画面感，于是就摘抄了两句放在本书中供大家学习。

虽然《咏鹅》和易烊千玺的文章并非职场沟通场景，但是这样的案例恰可以说明我们并不是要等到职场沟通时才运用五感词汇，而是需要把这种语言表达变成一种习惯，今后当我们需要塑造故事画面感时就可以信手拈来。

二、如何通过游戏练习使用五感词汇

在日常生活中，我们可以通过一些小游戏来练习使用五感词汇，让自己逐渐养成这种表达习惯，在职场沟通时就能灵活地运用它们。

游戏一 选物描述

看看此刻你身边有哪些物品，随机选择一个，然后至少使用一种五感词汇描述它。

例如，我在故事课中随机出了一个词：米饭。然后邀请学员尝试使用一种五感词汇来描述它。

学员们的描述：

- 香香的米饭还冒着烟。
- 白白的圆粒子，咬下去糯糯的感觉。
- 一碗颗粒分明，晶莹剔透散发着热气的香米饭。
- 白白的，胖胖的，透着浓浓香气的能量丸儿。
- 嚼起来劲道，嗞嗞作响。
- 米饭熟了，传来了电饭煲刺刺冒气的声音。

阅读到这，如果你身边有笔的话，你可以在上面每一个句子后面写上它使用了哪种五感词汇，例如，第一句有运用嗅觉（香香）、动觉（冒）、视觉（烟）词汇，你可以把嗅、动、视这三个词写在第一句后面。

再给一个词：我的水杯。你可以自己先思考一下，你会如何描述你的水杯。然后再看故事课上学员们的描述：

- 玻璃水杯里的水晶莹剔透。
- 我的水杯圆墩墩的，超可爱，呼着气与我打招呼。

- 我的水杯里有层淡淡的水垢，是它常年陪伴着我的痕迹。
- 深邃的颜色，散发着玫瑰花茶的香气。
- 胖胖的水杯，灯光打在上面透着瓷白温暖的光。
- 我的水杯是银色的高高瘦瘦的钢制保温杯，每次都能流出暖暖的茶汤给我提供无尽的能量。

游戏二 场景描述

随机选一个场景，然后至少用一种五感词汇描述此场景。

我在故事课上给学员们出的题是：“早晨起来……”，我选取部分学员们的描述供你参考：

- 早晨起来，看到春分的阳光透过窗帘，均匀地洒在地板上。
- 早晨起来，听到窗外的风呼呼吹，又是清冷的一天。
- 早晨起来，听到了厨房里妈妈叮叮咚咚做早饭的声音。

上面的举例中，第一句使用了视觉词汇，第二句使用了动觉词汇，第三句使用了听觉词汇。

再来一题：“我一走进会议室……”你可以试着自己描述一下，再看下面学员们的回答。

我一走进会议室，响起了雷鸣般的掌声。

我一走进会议室，闻到了牛奶热咖啡的香气。

我一走进会议室，整个团队的人都眉头紧锁看向我，没人敢说话。

上面的举例中，第一句使用了听觉词汇，第二句使用了嗅觉词汇，第三句使用了视觉和动觉词汇。

我们在课上玩上述游戏时，学员们越玩越兴奋，因为他们未曾想到自己也可以讲出如此有画面感的话语，仿佛打开了自己的语言宝藏。有学员这样说："小时候上语文课也学过这些，但是长大后在职场却没有使用，这些游戏重新激发了我的语言表达能力。"

你每天都可以通过这些游戏来练习表达能力。例如，上下班途中，用一至两种五感词汇描述看到的事物或场景。如果你有小孩，还可以跟孩子相互出题，即训练了表达能力又增加了亲子互动。还有，在会议、培训等需要热场游戏的场合，也可玩这样的小游戏，既作为热身，又帮助大家提升表达能力。

我相信练习一两个星期之后，你就能轻而易举地用五感词汇营造画面感。并且，通过这种游戏来练习，你会感受到：学习讲故事技巧、提升语言表达能力，既不枯燥也不难，而是有趣地发掘潜能的过程。

三、五感词汇在故事中的具体运用

五感词汇在故事中最常见的用途是塑造故事的名场面。一个名场面通常包含场景、人物和对话，我们可以使用五感词汇描述名场面的场景和人物，让听众更有身临其境的感觉。

下面我来看一个案例，上海时令咖啡馆老板在参加2019年12月29日这期《天天向上》节目时使用五感词汇描述他的咖啡享用场景，给我留下了深刻的印象。他的这种方式很值得我们在职场中介绍产品或服务时借鉴使用：

我描述一下这款咖啡，它的名字叫作"苏醒在都柏林"，它来自2016年我在都柏林参加世界咖啡师大赛时的感觉。那个冬天很湿冷，就像上海一样，我希望把当时的场景和体验分享给上海的客人。这杯咖啡入口会有非常漂亮的单一巧克力的风味，有轻微的可可酸发酵的感觉。我会劝客人试着站在店外去饮用它，它是我在都柏林街头的感觉，当时非常冷，只有在那个状况下你才想要一杯带有酒精的热咖啡，环境跟温度会影响你的味觉感受。

这位咖啡馆的老板打开了我的眼界，原来咖啡产品还可以这样描述。一般来说，形容咖啡都是从味觉或嗅觉方面形容，但是这位咖啡店老板的叙述不仅包含了味觉和嗅觉词汇，还使用了动觉词汇“湿冷”“热”。听完他的描述，我眼前浮现的场景是：寒冷的冬天早晨，我在街上走向办公楼，手里捧着一杯带酒精的热咖啡。这位咖啡店老板虽然没有讲一个完整的5S故事，但是他塑造了具有画面感的产品使用场景，从而让客户更想体验他的产品。

如果你在工作中也需要向客户介绍产品或服务，我建议你尝试使用五感词汇，描述客户使用你的产品或服务的场景，凸显出你的产品所带给客户的好处，让客户更认可你的产品或服务。当然有一点要提醒，就是你描绘的场景要有针对性，要基于客户的需求描绘相应的使用场景。这就是我们第二章第一节里提到的“了解听众，有的放矢”原则。

除了描绘场景，我们还可以用五感词汇来描述人物，让故事中的人物栩栩如生。在本章第三节我会专门谈谈如何塑造故事中的人物。

本节内容回顾提问

1. 哪五种词汇可以创造画面感？

2. 我们可用五感词汇塑造故事的名场面，一个名场面通常包括什么？

本节作业

从你的故事地图中选取一个素材，使用5S结构和一种情绪曲线设计故事（时长3分钟），并至少使用两种五感词汇塑造出故事中的一个名场面。

第二节

三种常见修辞，迅速增加感染力

我们在学生时代都学习过修辞手法，但很多职场人士都有认知误区，认为修辞手法仅仅在写作文、参加朗诵比赛等偏文学性场合才需要，在职场和日常的沟通中并无用武之处。其实不然，有三种修辞手法在职场和日常沟通中很实用，能有效帮助我们提升语言的感染力和说服力。

在本节的开始我会通过一个公益项目案例帮你感受修辞的语言魅力，然后会列举出一些职场的运用案例，以及如何通过游戏训练修辞使用习惯。

一、三种有感染力的修辞手法

2019年7月，银联举办了一个名为“诗歌POS机”的公益项目，在上海陆家嘴的地铁站推出了15个特别的POS机。人们只要使用银联卡支付1元，POS机就会随机吐出一首小诗。项目收益被全部捐献给某公益远程支教项目。银联想通过这个活动，让山里儿童的才华被看见。

这些小诗都由边远山区留守儿童所写。孩子们用诗歌描绘着他们的生活与思想，虽只是短短几句话，却能触及成年人内心深处的情感。如果你有兴趣，你可以去互联网搜索“诗歌POS机”观看完整视频。我这里摘录了几首，供大家一起学习其中所用的修辞手法。孩子们的语言虽然很朴素，但能触动人心。

1. 拟人

把动物、植物、物品、抽象概念等拟作人，让这些原本没有生命的事物也具有想法或情感等。

《小狗》

“汪汪汪”

夏天出生的小狗不知道

一年回家一次的那个人就是我爸爸

《一家人》

我八岁

妹妹四岁

小黄狗三岁

不知道你读完这两首诗后有怎样的心情？在我的故事课上，这两首诗常常让学员们眼眶湿润。虽然它们都只有短短三句话，但画面感很强。这两首诗都使用了拟人的手法，第一首诗从小狗的视角，描绘了爸爸回家的场景。“汪汪汪”刺激了我们的听觉，我想象的场景是小狗冲着一位走进门的男人在叫。“小狗不知道一年回家一次的人就是我爸爸”这句话传达了故事的冲突感。阅读到这首诗的我，情不自禁地代入到主角的情景，感受到他对爸爸的思念。

第二首只说了三个角色，以及年龄。没有动词，没有场景描述，话不多但是让我想象的空间却很大。小作者把小黄狗当作家庭的一个成员，“黄”是视觉词汇，写“小黄狗”会比仅写“小狗”更有视觉冲击。我眼前就浮现出这样的场景：一个黑暗的小屋子，昏暗的灯光，8岁的哥哥在桌前写作业，旁边小黄狗翘着尾巴与4岁的妹妹在玩耍，这个家里没有其他人了。当然我的想象超过了作者的描述，这就是修辞的感染力，我们会自动丰富所想象到的画面，从而产生更细腻的情感体验。

当然除了动物拟人，我们在故事场景中也可以运用植物拟人。如下面这首诗：

《画画》

你瞧

树枝在画画

星星和月亮是它笔尖上的光

这首诗把植物拟作人，树枝像人一样在画画。我从这首诗中感受到了作者的创造力和童真。我脑海里浮现出这样的画面：月夜下，小孩坐在屋前的路上，仰视着路边高大的树，看着树枝摇曳，透过树叶的缝隙看到了天上的星星和月亮。他在父母远离家的童年生活中，找寻着生活中的乐趣。

2. 比喻

把A事物比喻成B事物，让A事物更形象、更容易被人理解、给人印象更深刻。

《河里的心事》

很多人喜欢把心事扔进河里

就变成了石头

《种子》

人生就像种子

不小心落地的地方

就叫家乡

《晚上》

梦是夜晚被撕开一个口子

在另一个世界

我们都能见到想见的人

我很佩服这三位作者的想象力，把心事比喻成石头、人生比喻成种子、梦比喻成夜晚被撕开的口子，这都是我从来没有联想过的比喻。我相信正是他们日常有这样的所思所想，才能写出这样的比喻。

2019年底我读到《晚上》这首诗时，我正在出差，晚上跟2岁的女儿视频。我女儿哭着说："我要跟妈妈一起睡。"以前出差时女儿对我说同样的话时，我一般这样回应："乖，妈妈很快就会回家了。"但读到这首诗之后，我就对她说："宝贝，一会睡着了，在梦里你就会看到妈妈了。"我这样安慰她，她居然不哭了。因此我想到，这首诗的作者也是靠着梦里见到父母，来缓解自己思念父母之苦吧。

3. 对比

通过比较两件相似或相反的事物，给听众留下更深刻的印象。

《偷偷长大》

种子被埋在大雪安静发芽

老枯树在夜里长出一根新枝丫

而我在爸爸妈妈看不到的地方偷偷长大

《长大》

长大是一件很难的事

上一次和爸爸妈妈

告别的时候

我学会了忍住不哭

我就知道自己长大了

这两首诗都是关于长大的。《偷偷长大》这首诗使用了视觉、听觉和动觉词汇，营造了画面感，如视觉词汇“大雪”“新枝丫”，听觉词汇“安静”，动觉词汇“埋”“发芽”“长”。

第二首《长大》引起了我强烈的共鸣。我想起大一开学时，爸爸把我从湖南送到了南京。爸爸跟我告别时，我忍住了不哭，可等他走远，看着爸爸微胖的背影，我眼泪唰唰地流下来了。我到大学一年级都没学会忍住不哭，而这首诗的作者还是个孩子，他就在与父母分别时忍住了不哭。这样一对比，我对作者既心怀怜悯又充满敬佩。

自从读了这些留守儿童写的诗之后，我更加相信：并非只有见多识广、阅历丰富的人，才能写出感人的故事。这些孩子，通过生活中的观察和自己的思考，结合想象力，就描绘出了各种感人又深刻的故事场景。所以我常常在故事课中分享这些诗歌，来激发学员们的想象力。

二、三种修辞手法在职场故事中的具体运用

了解完拟人、比喻和对比这三种修辞之后，让我们来看一些职场沟通中运用这些修辞的案例。

1. 拟人的运用

2014年我在香港出差时，看到某个地铁站的墙壁上贴着一系列海报。

每张海报上一句话，一共七句话：

港铁电梯的使命是为你带来安全的旅程。

我一年365天每天20小时为您服务。

每年服务数百万乘客。

我的身体有超过2000个组件。

现在全部要先拆除后检查。

所以我需要暂停服务8个至10个星期。

放心！我很快会再次投入服务！

我当时看完了这个系列的海报，像阅读了一个人的故事，看到最后才恍然大悟，这是一则自动扶梯的维修告示。当时我内心就感叹这则告示非常别出心裁，采用了拟人的手法，自述故事的形式生动有趣，既告知了乘客电梯在维修中，又容易获得乘客的理解。我通过5S结构分析了这张海报（见表3-1）。

表 3-1　港铁自动扶梯维修告示故事 5S 结构解析

铺垫（Setup）	描述了“我”的基本情况： 我一年 365 天每天 20 小时为您服务 每年服务数百万乘客 我的身体有超过 2000 个组件
冲突（Struggle）	一句话交代冲突：现在全部要先拆除后检查
解决方案（Solution）	一句话说明解决方案：所以我需要暂停服务 8 个至 10 个星期
结果（Result）	此处为预计的结果：放心！我很快会再次投入服务！
观点（Standpoint）	在本案例中金句出现在故事的开始：港铁电梯的使命是为你带来安全的旅程

这个拟人故事案例在开始就讲出了金句“港铁电梯的使命是为你带来

安全的旅程”。然后再讲述铺垫、冲突、解决方案和预计的结果。

我在香港看到的这则告示给了我灵感，回上海后就改写了企业的一个告示：

我们企业的培训场地有一个沙发，举办活动的时候经常有人把水杯或咖啡直接放在沙发上，然后不小心打翻，弄脏了沙发，而干洗一次沙发套需要100多元。所以在发现这个问题后，企业张贴了一张告示：“请大家不要将水和任何饮料放在沙发上，保持沙发的清洁。”

看到港铁维修告示后，我在告示纸的右下方放了一张沙发的图片，然后纸的左边及中间位置写上一句话：“亲们，请不要把水和饮料放在我身上。大家看到美美的我，心情更开心哦。”

同事帮忙把我的想法做成图，贴上沙发上方的墙壁后，大家都觉得这张告示亲切多了。

后来我也在不少其他场合看到了这种把物品当作人物、自述故事的手法，如博物馆中某件古董的自我介绍视频、新科技产品的自我介绍视频等。

2. 比喻的运用

在职场中我们向其他行业的听众介绍专业概念时，不妨使用比喻帮助他们理解，让表达更生动形象。在第二章第一节中，我提到过张文宏使用比喻解释新冠病毒的案例。在这里我再举一个如何向其他行业人士解释吉他和贝斯的区别的案例。

2020年1月5日的《天天向上》节目邀请了几个乐队。在节目中，主持人问刺猬乐队：“吉他和贝斯有什么区别？”

刺猬乐队的一位成员回答：“贝斯这个乐器处在乐队中间的位置，粘合鼓跟吉他。贝斯弹的节奏实际上要跟鼓走，弹贝斯时你得先聆听，既听节奏又听旋律。乐队三大件比作人的话，鼓就像骨架一样，吉他就是外表，一眼能让人看见，而贝斯就是一个神经系统，得串联整个身体。”

这位刺猬乐队的成员通过比喻让我理解了乐队三大件的作用。在故事中，我们可以加入适当的比喻，让听众更易于理解较专业的内容。当然我们运用比喻的时候，要选择听众熟悉的喻体，才能让比喻起到好效果。

3. 对比的运用

在职场故事中，我们可以用开头和结尾做对比，或者是用冲突阶段的困难与结果对比，展示主角的改变、取得的成绩等。

阿里巴巴创始人马云在2015的德国汉诺威电子展上做过一个英文演讲，他开场时讲道：“我还记得14年前，我第一次来到汉诺威，尝试租一个小展位，将中国商品卖给欧洲客户。我花了很长的时间找合适的展位，不容易找，最后终于租到一个很小的展位，几乎没人找我们。”

在演讲结束的时候他说：“14年前我们来这，想销售中国商品，没有成功。14年后我们希望通过互联网，帮助欧洲中小企业把产品销往中国乃至全世界。是梦想在驱动这个世界，不仅仅是科技。让我们努力吧！这是一个精彩的世界，属于年轻人的世界，属于未来的世界。”

马云这个演讲的前后对比让我印象深刻。他的开场小故事，提到了阿里巴巴在14年前并不出名，来到德国的电子展无人问津。然后他指出了一个现象：很少有互联网企业能健康地活过3年，即冲突。马云在整个演讲的主体部分详细阐述了数据经济，即他的解决方案。在演讲的最后，他提到14年后阿里巴巴又来到欧洲，这里既是与开头的故事片段作为对比相呼应，又代表未来预期的结果。在结尾处他还讲出了金句：“是梦想在驱动这个世界，不仅仅是科技。”

三、如何通过游戏练习修辞

如果这些修辞手法并不是你惯用的语言习惯，不妨通过一些游戏把它们强化成习惯。正如我在五感词汇游戏时提到的，我们可以抓住任何机会来练习，并不仅仅在职场讲故事时才使用。只有通过日常练习养成新的语言习惯，才能在需要的时候信手拈来。

1. 拟人游戏

在你眼睛所及之处，选个物品，然后用它的口吻来做自我介绍。你在路上看到任何告示时，也可以尝试用物品的视角来改写告示意。如果你已为人父母，还可以经常跟孩子一起玩这个拟人游戏。例如，我跟女儿玩的时候，会用她的玩具口吻来说话。有次女儿随手把小熊玩具丢在地上，我拿起小熊，对女儿说："哎哟，我屁股摔疼了。小主人请对我温柔一点，轻轻地把我放下来哦。"

当你想描述自己的心情时，不妨假想一下，如果身边的物品可以看到你的情形，它们会怎么讲出你的心情。例如，你有大量的未完成的工作，内心焦虑，如果你的办公桌可以说话的话，它会怎么描述你的心情？这些都是可以帮助你训练拟人手法的游戏。

2. 比喻游戏

我在故事课上常常让学员玩即兴比喻的游戏。如果你和一群人玩这个游戏，先让每个人在纸上写一个名词，如物品、动物、植物等。如果你是一个人玩，则可自己多写几张纸，把你看到的物品写下来，每张纸写一个词。

例如，在我故事课的学员们写过以下这些词：

快递、文具盒、遥控器、手机、沙漏、芦荟、饼干、鼠标、松鼠、笔、竹子、玫瑰花、电脑、鼠标垫、咖啡、围巾、沙发、口罩、明信片、狗狗、仙人掌、萨摩耶犬。

写好以后每个人把纸对折再对折，然后放在桌上。

第二步：设定一个要说的话题，例如“我的工作”。然后每人随机抽取一张纸，用纸上的词完成这个句子：“我的工作是……，就像……（抽取的词）一样……”后半句话要让比喻自圆其说。

例如，我抽到了“快递”，我是这样造句的：我的工作是培训师，就像快递一样，把你想要的知识传递到你的手上。

下列举故事课学员的几个即兴比喻造句以供参考：

- 我的工作是审计师，就像萨摩耶犬一样，嗅出部门中的问题。
- 我的工作是HR，就像咖啡一样，根据不同员工的发展需求，调制成不同的口味，给他们带去成长的能量。
- 我的工作是销售，就像明信片一样，把我们的产品传播给有需要的人。

你可以通过这样的游戏，为你的职业设计一个比喻。今后你在任何需要介绍职业的场合，都可以使用它让听众印象更深刻。

比喻游戏不仅仅可以选工作类的话题，还可以选非工作类的话题，如抽取词汇完成“爱情就像……一样……”这个句子。

我为你分享一些我们故事课学员们使用爱情这个话题所做的即兴比喻：

- 爱情就像一杯茶一样，细细品味才能体会其中滋味。
- 爱情就像草莓一样，看上去红火，吃起来却酸甜不同。
- 爱情就像大奖一样，没发生之前你都不知道它会不会来。
- 爱情就像睡衣一样，相处不需要很漂亮，但是一定要舒服。

看完了上面这些举例，是不是觉得我们的学员很厉害？其实他们很多人在玩这个游戏前，都觉得自己语文不好、不善于比喻。但是玩了游戏之后，他们非常兴奋，发现原来自己也可以这么有才。所以我鼓励你勇于体验这些游戏，感受发掘自己潜能的喜悦

本节内容回顾提问

1. 本节中分享的三种修辞方式是?

2. 为你的工作设计一个比喻的话，你会怎么说?

本节作业（二选一）

1. 优化你在上一节的练习中设计的故事，添加至少一种修辞（拟人/比喻/对比）。

2. 从你的故事地图中选取一个素材，运用之前所学的技巧设计成故事（时长3分钟），并确保至少使用一种修辞。

第三节

两味故事元素让听众更入戏

不知道你在看电视或电影时有没有过这种体验，你会幻想自己是剧中的某个角色，关心这个角色的命运，陪着这个角色哭或笑，这就是入戏的感觉。如果我们讲的故事也能让听众入戏，那说明听众已经深深地被这个

故事所吸引。

让人入戏的两味故事元素是什么呢？人物和对话。加上了这两个元素，我们的故事将更有生命力。我先来谈谈如何在故事中塑造人物。

一、故事中塑造人物的要点

故事中的人物，尤其是主角，如果是立体的、丰满的，听众或读者会不自觉地把自己代入人物的境遇中，跟人物产生情感联结。

但不少人在讲故事人物时，会犯这样的错误：故事的主要人物形象是模糊的，没有名字、不知性别、没有任何特征。读到这你可能会觉得好笑，怎么可能人物连性别都不知道呢。讲故事的人内心当然知道，但是没有讲出来。比如，我经常听到有人这么说："我们家小朋友……" 你读到"我们家小朋友"这个词，你能够想象出这个孩子的样子吗？不能，因为你不知道"我们家小朋友"是男孩还是女孩，几岁了。如果改成这样说："我女儿今年4岁了，她的小名叫家家，脸圆嘟嘟的，经常在家哈哈大笑，一笑起来眼睛就弯弯地眯成一条缝。" 你读到这，是不是可以想象出一个4岁小女孩的形象？顺便提一句，我上面描述的这个女孩真的是我女儿。

类似模糊的人物叙述还有"我的老板""我的一个同事""我的朋友"。这些没姓名、没性别，也没有任何特征描述的人物，无法让听众或读者有代入感。

我猜此刻你会好奇，那我们该如何塑造故事人物呢？我分享五个要点：

1. 讲出主要人物的性别、姓名、年龄以及1～2个五感特征

描述主要人物的五感特征指我们可从视觉、听觉、动觉、嗅觉或味觉方面，选出该人物的1～2个典型特点进行描述。有了姓名、性别、年龄和五感特征的描述才能让听众在脑海中想象出这个角色。

例如，朱自清这样描述爸爸的背影：“我读到此处，在晶莹的泪光中，又看见那肥胖的，青布棉袍，黑布马褂的背影。”这里朱自清用三个视觉词汇“肥胖”“青”“黑”来描述爸爸的身材和着装颜色，让爸爸的形象栩栩如生。

我故事课的一位学员这样描述她的爸爸：“我爸爸今年55岁，身高一米八，人称老王。他有些驼背，走过之处飘过烟草味。”她对于爸爸的描述除讲出了年龄和身高外，还使用了视觉描述“驼背”，以及嗅觉描述“烟草味”，让爸爸的形象更立体。

当然，有时我们可能并不知道人物的名字。例如，我曾经讲过我公司楼下保安的故事，我并不知道他的名字，但是我们可以根据他的特征为其取一个名字。我这么描述我故事中的保安：“我们公司楼下有一位20岁出头的保安，瘦高个儿。我每天早上在办公楼大门口，都看到他露出灿烂的笑容，跟每位路过的员工说早上好。我叫他微笑哥。”你读到这个描述，脑中有想象出这位爱笑的保安小哥模样吗？

2. 主角敢于暴露弱点

没有人是完美的，即使是好莱坞的英雄电影中的主角也都有弱点。主角的缺点其实会让听众产生共鸣，如某方面能力欠缺，遇到困难会有纠结、退缩的想法等，这会让人觉得主角很真实，听众因此产生代入感。如果主角太完美，听众不会担心主角的命运，反而可能跟主角有疏远感。有一个词叫“主角光环太重”，太完美的主角，反而不能激发听众的共鸣。

所以当我们讲个人故事时，也要避免把自己说得太过于完美。很多时候，讲述者并非刻意把自己讲得完美，而是在谈到困难时，缺乏对心理状态的描述，仿佛自己完全没有纠结，不需太努力就克服了困难。这样就难以让听众产生共鸣。

那可以从哪些方面入手暴露主角的弱点呢？

（1）能力上的弱点

主角在追求目标的过程中常常会因为能力有限而受阻。例如，你收到了一个新的工作任务，但是不在你擅长的范围内，你因此不知所措。又如，你去帮助客户解决问题，但这个问题是第一次出现，你一时不知如何解决等。暴露主角能力上的弱点，让听众更能够理解主角面临困难时的情绪。

（2）性格上的弱点

每个人都有脆弱甚至丑陋的一面。我们不会每天都是信心满满、积极乐观，遇到困难可能也会退缩，遇到不开心的事可能也会抱怨、发火，对最亲的人可能也会飙狠话等。敢于暴露主角性格上的脆弱，同样能拉近与听众的距离，因为这是他们的真实写照。

（3）内心的矛盾

外在的困难常常会引发主角内心的矛盾和挣扎。这也是一种冲突的升级，从外在到内在，内心的矛盾能引起听众的共鸣，从而吸引他们听下去。有不少职场人士刚开始讲故事时，会忽略描述内心的矛盾。

例如，我有位学员说他转行的经历，在某个行业工作了十几年，决定转行，到了新的企业遇到了很多困难，他对自己说："我一定要成功。"然后获得了当年的销售冠军。我听完这个故事后问他："当你遇到很多困难时，有没有一些内心的怀疑呢？比如，'我这个转行的决定是不是错的？'"他说的确是有的。我告诉他，你要把内心的这种怀疑、担心讲出来，因为这样的内心矛盾很普遍，更能吸引听众。他按照我的建议增加了内心矛盾的描述后，第二遍的故事打动了很多听众。学员们说从他两个版本的故事深刻地感受到：敢于承认主角的弱点，才让主角更像一个真实的人，这种真实最动人。

3. 主角有改变

主角的改变包含思维和行为方面的改变。如果一个故事从头到尾都是讲困难、主角的纠结等，那么这只像对好友的倾诉。在故事中正是主角的改变给听众启发和激励。当然，可能有人会问，如果我讲的就是一个自己的失败案例，结局是不好的，怎么说明主角的改变呢？你至少可以提到思维的改变，即你从失败的案例中总结出了经验教训。

4. 一个简短的故事中不要包含太多人物

如果是一个3分钟的故事，主要人物最好不超过3个。我曾经有一个学员在讲家庭故事时出现了8个人物，我听到后半段的时候已经分不清他到底在说谁了。如果确实需要出现多个人物，那么只需重点描述1～2个人物，其余的不需要有名字、特征描述。

5. 讲故事时可模仿主要人物的口音或语气

模仿主要人物的口音或语气可以更好地传递出这个人物的情绪，让听众入戏。例如，我有位学员在讲自己第一次单独见大客户的情景时，模仿客户用轻蔑的口气讲出对他的质疑，让全场的学员都印象深刻。我当时听到他模仿客户的口吻时，都忍不住担心他会失去这个大客户。本书的第五章讲故事的演绎，其中第四节会详细地阐述如何模仿人物的声音。

平常我们可以如何练习人物塑造呢？在此我推荐几个游戏给你。

游戏一：描述一位家人，讲出1～2个五感特征。

看看我故事课的学员们在课上的描述吧：

- 我儿子豆豆今年10岁，爱好踢足球，有古天乐一样的肤色。
- 我有个9岁的女儿，小名叫苗苗，一米三的个头，经常扎着一条马尾，喜欢笑。

- 我老公一直处于减肥中，但肚子始终处于待产的状态。
- 我的爸爸70岁了，不高，最爱唠叨我“别吃饭太快”。
- 我外婆94岁，走路颤颤巍巍，但是一双眼睛炯炯有神。

上面的句子都包含至少1个五感特征，大部分是视觉方面的描述，第四句中写了爸爸爱叨唠的一句话，从听觉上丰富了这个人物的形象。

游戏二：描述老板或同事，说1～2个五感特征。

我在此列举一些学员的描述：

- 我有个上海中年女老板，一直烫着卷发染着红色，声音细细高高的。
- 我的老板黄药师，操着一口香港普通话，永远一副扑克脸。
- 我的女老板比我小1岁，刚刚步入40+，但瘦小的体格一直让她很好地隐藏了自己的年龄。
- 我老板Daniel个子不高，白白净净的，戴个眼镜，有着上海男人的温润。

看完了学员们的答案，你也来试试描述一位家人和一位老板或同事吧。其实这种游戏每天都可以玩，在外面坐车、吃饭、买东西时，看到任何人，都可以描述对方的1～2个特征，还可以尝试描述对方的情绪。久而久之，你就会发现塑造人物并不难。

二、两种类型的对话以及三大目的

对话是另一种容易让听众入戏的故事元素。在故事中有两种常见的对话：主角与他人的对话，以及主角的内心对话。

首先我们来看看主角与他人对话的案例。我想为你分享两张2019年京东年货节的海报。在这两张海报上，都有一句话来描述对话场景。

第一张海报上画着几栋乡村的房屋，房屋外面的道路两旁堆积着雪。有一位老人，拄着拐棍站立在一栋房子门口。路上有一对夫妻带着一个小孩，拎着东西正朝着老人的方向走去。海报上有一句话：

每次我问老爸在门口等多久了，他都说刚出来。

这句话描述的是“我”和“老爸”的对话，不知看到这个对话时，你有没有想起自己与父母的对话？这句话让我想起20多年前读大学的时候，每次我寒暑假回家，我爸妈都会来火车站接我。出了火车站口，看到父母时，我问：“你们等了多久？”他们都会说：“不久。”所以看到海报上这句话时，我就想起了父母对我的爱。

第二张是京东年货节海报，图案是一位男士站在一个平台上，远处天空上有飞翔的鸟。海报上有一句话：

老婆说女儿总对着家门变魔法，说把爸爸变回家。

看到这幅海报时，我立刻想到我的女儿家家。白天我和老公出门上班，到了晚上，她在家就会盼着我们回去。有时下午6点她就会通过外婆的微信，留语音给我们，说：“爸爸妈妈快点回家。”晚上我回到家、推开门，她就会跑过来迎接我，给我甜甜的拥抱。所以看到海报上这句话，我特别能理解孩子想念父母的心情，尤其是爸爸，因为很多爸爸跟孩子接触的时间相对较少。这幅海报上的对话勾起了我心酸的情绪。

这两张海报上都只有一组人物的一句对话，但都达到了让听众入戏的效果，引发了听众的情绪共鸣。由此可见对话不用多，相反，精练的对话更抓人心。我发现不少人在刚学习塑造对话时容易犯一个错误，就是两个人物之间来回对话，如“我说……，然后他说……，我又说……，他又说……”听到后面，听众分不清到底谁在说什么。对话的力量往往体现在最经典的那一句，多了反而削弱效果。当然真实情况下，人物之间的确来来回回说了很多话，这就需要我们在设计对话的时候有取舍，把最能体现人物关系，或最能推动故事情节发展的那一两句话讲出来即可。

在故事中，还有一种常见的对话是主角的内心对话。

我在2014年获得了国际演讲会中国区英文演讲最高级别冠军。在我的演讲《改变》中有这样一段：

我去找了我的生命教练伊娃，我告诉她：“我想尽办法讨我婆婆欢心，但是她理都不理我。我该怎么办？”然后伊娃问了我一个问题：“颖丹，你爱你的婆婆吗？”天哪，我爱她吗？说实话，我不爱！我应该爱她吗？理智告诉我，我应该爱她。但我感觉怪别扭的。我能爱上她吗？我不知道。

上面这一段包含了作为主角的我与我的生命教练之间的对话，以及我的内心对话，即三句自我问答：“天哪，我爱她吗？说实话，我不爱！我应该爱她吗？理智告诉我，我应该爱她。但我感觉怪别扭的。我能爱上她吗？我不知道。”

这个内心三问三答，讲出了我的纠结，这也是常人会有的纠结。因为当你与一个人有冲突时，关系的转变是递进的，不是他人劝诫一句“你要怀着爱心与对方相处”，你就能马上做到的。

当时我说这句“说实话我不爱”时，现场听众大笑。我自己都没有料到这里有幽默效果。听众也没有料到我会说大实话，所以放声大笑。他们的笑声也说明他们认同我这句大实话。

关于塑造主角的内心对话，我有一点要提醒：内心对话是你面临困难时当下的心理活动，而不是你自己的事后总结。事后总结可放在故事结尾时说，但如果在故事过程中说，会让听众出戏。

我有位学员讲他带儿子参加英语演讲比赛的故事。他说："儿子上台后，说了1分钟，就停住了。我在台下看到他的腿在发抖。我心里纳闷了，儿子今天怎么这么紧张呢。原来啊是因为昨天晚上做作业搞到很晚，准备不是很充分……"

我给他的反馈是，你这段分析让我出戏了。因为你说当时在台下看到儿子发抖，纳闷他为什么如此紧张，说明你并不知道原因，你是事后才了解到原因。你把事后了解到的原因，放在故事过程中说，就好比我正在看电影，刚被电影的情绪带着走，中间忽然插入了一段纪录片旁白，这让我一下就出戏了。

我问这位学员，你回想下，你在台下看到儿子在台上发抖时，真实的心理活动是什么。他仔细想了想，说："看到儿子腿发抖，我心里特别着急，心里想：儿子啊儿子，稳住。你千万要想起来接下来要说什么。"当时现场的其他学员听到他对内心活动的描述后，都表示这样讲能让他们有同感。

我来总结一下对话在故事中常见的三种目的。

（1）创造冲突

京东海报中的对话、我的演讲案例中的内心对话，都是在创造冲突。

（2）点醒主角

我在第二章第三节中举了傅首尔故事的案例，那个故事中袁老师的一句话"你有的是时间慢慢长大"就起到了点醒主角的作用，变成了主角改变的触发器。在我上面提到的《改变》演讲中，生命教练问我的问题，虽然还没有完全让我改变，也起到了点醒我、让我开始去思考的作用。

（3）讲出金句

我在第二章第二节中举了阿里巴巴上市宣传片中残疾女画家的故事，她在故事的结尾说："淘宝真是带给了我希望。" 这就是阿里巴巴公司想通过这个故事告诉听众的金句，让观众看到自己企业的价值。

本节内容回顾提问

1. 可以从哪些方面暴露主角的弱点？

2. 请用五感的词汇来描述你的一位家人或一位同事。

3. 故事中对话的三大目的是什么？

本节作业（二选一）

1. 运用本节所学的人物塑造和对话的技巧，优化你在上节的练习中设计的故事。

2. 在故事地图中另选取一个素材设计成故事（时长3分钟），需要运用故事的5S结构、情绪线、五感词汇、修辞技巧、人物塑造方法，并至少包含一处对话。

第四节

一句金句让听众久久不能忘

故事里加上一句金句，能让听众久久不能忘。金句就是我们想通过故事传递出的观点。我在本书的第一章第二节中，用金橘这个水果来代表金句这个好故事要素。

其实不仅仅是讲故事，品牌广告、商务沟通、演讲都需要金句，因为金句就像金子一样闪闪发光、朗朗上口，便于沟通对象的记忆和传播。

一、两类常见的金句及举例

可能你会问，金句有什么特点呢？在回答这个问题前，我想先邀请你来看一些品牌标语的对比。

（1）作为网购用户，下面哪一句话更吸引你？为什么？

A. 上天猫就购了

B. 理想生活上天猫

上面两句标语其实都来自天猫App，A是旧的标语，B是更改后的标语。这两句我个人更喜欢B。当然A本身也不错，使用了谐音梗，“够”和“购”，容易让人记住。但B表达出这个产品对用户的好处,而A没有。所以我猜天猫是希望提升品牌形象才修改了标语。

（2）作为一个视频网站用户，下面哪一句话更吸引你？为什么？

A. 视全视美

B. 不负好时光

这两句标语都来自腾讯视频网站，A是旧的标语，B是更改后的标语。对于这两句标语，我个人觉得B比A要好很多。我有位学员说，看了“不负好时光”这个词，顿时对于刷电视剧没有了负罪感。这五个字勾起了用户对美好生活的想象，让用户感受到视频网站带给自己的好处。

（3）作为一个视频网站用户，下面哪一句话更吸引你？为什么？

A. 每个人都是生活的导演

B. 召唤全球有趣短视频

这两句标语都来自土豆网。A是旧的标语，B是更改后的标语。这两句标语中，我个人更喜欢A，因为A让我觉得我虽然是普通人，但我也可参与其中，我也可以成为生活的导演。而B让我有距离感，我是普通人，不是专业做短视频的人，我不是被它召唤的对象。

（4）作为短视频APP用户，下面哪句话更吸引你？为什么？

A. 让崇拜从这里开始

B. 记录美好生活

这两句标语都来自抖音。A是旧的标语，B是更改后的标语。在我看来，A这句更彰显态度，B这句更能吸引普通人。所以我猜，抖音是为了扩大用户群体，做了这样的修改。原先目标人群是前卫、潮流人士，现在想吸引更多的普通用户。不过B这句，我个人觉得还略显普通，并且它的竞争对手快手已经使用了“记录世界记录你”的标语，这句“记录美好生活”与快手的标语相比没有太大区别。

品牌选取标语与我们故事选取金句的思考角度很相似。我把金句总结为这两种常见的类型：好处类和态度类。上述举例的品牌标语基本都可划分在这两类中。

好处类金句描述让听众向往的好处。一些品牌在宣传产品和服务时，会常用好处类的金句，用好处吸引用户购买。销售类的故事和演讲使用好处类的金句准没错。

这里要提醒的一点是，这个好处是对听众来说的好处，所以我们要站在听众的角度来思考，而不是从表达者的角度去思考。如“我们企业在这个领域排行第一”，很多销售会以为这句是对客户的好处，其实不是。这是站在企业的角度说，“我们有多牛”。但是你的企业很牛对于客户而言具体意味着什么？你能为客户带去什么才是对客户的好处。如“我们的产品能帮助你节省50%的人力成本”“我们的高品质让你无后顾之忧”等等，这些话才能让客户感受到他们能收获什么。

态度类金句是为了彰显品牌提倡的态度或价值观，吸引有相同态度或价值观的用户。某些引领潮流的品牌会更愿意用态度类的金句，自媒体文章、激励性的演讲也常用态度类金句，因而会被赞同这个态度的人自发地传播。

再来玩一个游戏。请你看看以下品牌标语，哪些属于好处类金句，哪些属于态度类金句？

（1）阿迪达斯：Impossible Is Nothing

（2）耐克：Just Do It

（3）迪士尼：The Happiest Place on Earth

（4）苹果：Think Different

（5）吉利：The Best a Man Can Get

（6）阿里巴巴：让天下没有难做的生意

（7）言易咨询：言语改变世界

以上（3）、（5）、（6）、（7）都属于好处类，（1）、（2）、（4）、（7）属于态度类。

“言语改变世界”就是我公司的标语，我觉得它既是好处类，又是态度类的金句。

在品牌标语或广告语中，金句很多情况下是短语，如上述举例。但我们在沟通和演讲中讲故事时，绝大多数情况下金句都是完整的句子。

我用三个S开头的单词来总结故事中的金句特征：

1. 精练（Succinct）

一个金句以10个字左右为宜，即使长的话也不要超过20个字。句子越长，越难被人复述。

2. 贴切（Suitable）

金句要贴切你所说的故事。我发现很多人在提炼故事金句时，会过于空泛，大于故事的主题。这样就会让你的故事支撑不了你的观点。

3. 特别（Special）

故事中的金句最好不要使用已被广泛使用的句子，尽量是自己思考总结出来的句子。当然我们毕竟不是广告或传播专业领域的人士，并不需要语出惊人。自己思索得出、不是从网上照抄的句子，就可以用作金句。

当然我们在提炼故事金句时，不要期待自己第一次就想出一个绝妙的句子，金句往往是不断打磨出来的。虽然我不建议你照抄当下流行的句子，但是模仿句式进行改编是可以的，先模仿再创造也是一种学习的过程。不过，不管你用什么句式，最基本的要求是：金句是你发自肺腑想说的一句话，发自内心的话才动人。

二、金句在故事中的具体运用

金句在故事的开始、转折、结尾中都可以出现。

我想分享一位我的好朋友的演讲作为案例。他叫龚炯，在2012年参加国际演讲会中国区中文演讲比赛时获得了全国亚军。下面的内容就来自他当年的亚军演讲《我的儿子》。我在他比赛的现场听了他的演讲，时至今日都记忆犹新。他的演讲有7分钟，我截取了出现故事金句的两个片段。

龚炯的演讲背景是：他的儿子半岁时脸上得了一种罕见的病，医学名称叫幼年性黄色肉芽肿。这种病无法医治，只能靠其自愈，但是可能会需要几年甚至十几年的时间。

片段1：故事转折的触发点

全家人再也不敢带着儿子整天在外面待着，因为害怕那些嫌弃的眼神，更害怕那个被问了无数遍的问题，你儿子脸上怎么了？我们选择了沉默跟逃避，真希望一觉起来，生活这个电影能换一个编剧。

直到有一天，我们带着儿子出去，又被问到同样的问题，儿子用力地拉着我俩的手，嘴里使劲地喊着：“不要问！不要问！”我们这才意识到，宝贝他知道自己的与众不同。是把儿子留在家里继续地好好呵护他，还是把他带出去让他勇敢地面对自己，是让这个“小豆子”继续折磨我们全家人，还是做回我们自己生活的主角，慢慢地我们意识到这颗“小豆子”对我们家意味着什么了。

片段2：故事的结尾

以后不管是打酱油的大妈、5条杠的小朋友还是不明真相的群众，问我这个问题，我们都会骄傲大声地告诉他，这个是“聪明豆”，只有最聪明的小朋友才会长的豆子！

生活有时候就像一部电影，不管这个豆子是不是四万分之一的概率，不管这个豆子会陪伴我们全家多少年，不管我们俩的回答听上去有多幼稚，决定它是悲剧还是喜剧的不是别人，永远是我们自己。

儿子，等你长大以后，生活中还会有许许多多的“小豆子”，它们可能长在你脸上，它们更可能长到你的心里，但是最为最为最为重要的是，你可以把它们当作肉芽肿，你也可以把它们当作“聪明豆”，因为只要你愿意，每一天你都可以生活在童话里，生活就是一部电影，决定它是悲剧还是喜剧的，永远是我们自己。儿子，我的小男主角，你准备好了吗？Action！

这个演讲的金句是“生活就是一部电影，决定它是悲剧还是喜剧的，永远是我们自己”，这个金句本身也是一个比喻。我们可以看到，讲述者的金句在转折阶段就有铺垫了，“真希望一觉起来，生活这个电影能换一个编剧”。虽然这里没有完全提出金句，但已经讲出了这个概念，就是把生活比作电影。

然后龚炯在观点阶段明确地提出了金句，并且重复说了两遍，加深听众的印象。这也是我们可以学习的技巧，金句在故事中重复两至三遍，能够让听众更准确地记住，增加了被传播的可能。

本节内容回顾提问

1. 本节中分享了两类常见的金句，分别是什么？

2. 金句可以出现在故事的哪个阶段？

本节作业

优化你之前故事作业里的金句。

故事思维在七大商务场景中的应用

第四章

第一节

有故事的自我介绍，瞬间吸引高质量人脉

一、接纳自我是发掘自我介绍故事的前提

在谈怎么做有故事的自我介绍前，我想问问你，你喜欢做自我介绍吗？我问过很多人这个问题，绝大部分人都说不大喜欢，我以前也是如此，因为我觉得自己的经历没有亮点，不值得一提。每次做自我介绍，我都是逼着自己去运用一些表达的技巧，但内心并不享受。

2019年10月20日，我在上海世界舞蹈大赛（World of Dance）邀请表演赛上看到了一支舞蹈，它引起了我关于为什么不喜欢做自我介绍的深深思考。这支舞蹈的名字叫“很高兴认识你”，英文原名叫：Nice to Meet You，舞者叫马晓龙。这个舞蹈由他自己编舞，舞蹈音乐中的声音独白也由他本人录制。

他的声音独白是自我对话式的内心独白，原声是英文的，我翻译成中文如下：

内心独白A角：“我看见这儿有好多人，咳咳，呃……”

“嗨，我的名字是D……D……”

（舞者面向听众挥手做自我介绍）

内心独白A角：“见鬼，我做不到。”

内心独白B角：“你为什么这么紧张？”

内心独白A角：“你是谁？”

内心独白B角：“因为这儿有好多人吗？”

内心独白A角：“可能吧。”

内心独白B角：“或者觉得今天看起来不够帅？”

内心独白A角：“不。”

内心独白B角：“你之前去过洗手间了吗？”

内心独白A角：“当然了，天啊。”

内心独白B角：“嗯……胃疼？”

内心独白A角：“不。”

内心独白B角：“饿了？”

内心独白A角：“不”

内心独白B角：“渴了？”

内心独白A角：“不！”

内心独白B角：“所以，你不了解你自己，是嘛？”

内心独白A角：“呃，我想是的。顺便问一下，你到底是谁？”

内心独白B角：“好。让我来帮你，首先你需要冷静下来，呼吸。我是说深呼吸。我记得你喜欢爵士音乐是吗？”

内心独白A角：“是的。”

内心独白B角：“那么就来吧！”

（爵士音乐响起，舞者配合音乐跳了一段爵士舞）

内心独白A角："好的好的，等等等，停下。你知道的，事实上有时候我也喜欢HIP HOP音乐。"

内心独白B角："好的，音乐！"

（HIP HOP音乐响起，舞者配合音乐跳了一段舞）

内心独白A角："好的，停下，不对不对，这不完全是我，我喜欢所有音乐风格，你知道的。"

内心独白B角："所以，你想要变得很酷。"

内心独白A角："嗯哼，不。"

内心独白B角："想要变得性感？"

内心独白A角："不。"

内心独白B角："好的，我知道了。你想要变得自然。但除了跳舞，你的兴趣是什么？"

内心独白A角："画画，是的，画画让我很开心很放松。还有，我喜欢唱歌，因为我喜欢学习所有东西，像是上舞蹈课，或者给别人上舞蹈课。噢，我喜欢参加比赛，那真的是好极了。或许也给我带来一些小伤心，噢，每个瞬间都在这儿。"

内心独白B角："嘘——好了好了。停下，我觉得你准备好了，现在，深呼吸转个身，开始吧。"

舞者面朝这大家再一次做自我介绍："嗨，我的名字是Derek，舞蹈和音乐是我的全部生活，我也喜欢其他事情，像是画画、唱歌和所有需要勇气的事。我还喜欢学习，我想像风一样自然。很高兴见到你。你呢？"

我当时在台下看了这支舞蹈，感到很震撼。马晓龙编的这支舞，采用了前后对比的方式，讲述了他自己从不敢介绍自己，到最后勇敢地向听众介绍自己的变化过程。这中间的变化来自自问自答的内心对话。我想你可能也经历过这种脑海中两种声音打架的经历，你需要战胜自己，才能完成挑战。

我看完了他这支舞回去后久久还在回味，后来在自己的公众号上写了下面一篇文章，剖析了自己从不愿意做自我介绍，到接纳自己的过程。

我从2009年开始做兼职培训师。每次培训开场都要做自我介绍，而我那时极度不喜欢做自我介绍。为什么？因为我觉得我的经历不牛，讲出来怕同学们质疑我，觉得我没资格。其他的培训师有的读过知名MBA，有的做过知名企业的高管，有的曾在国外留学或工作过，这些背景我都没有。所以我刚开始做培训时，很少说自己的经历，介绍完我的名字、我做什么培训，就直接进入培训主题。

2011年时，我注册了自己的公司，叫“言易咨询”。我那时在社交场合认识新朋友，我说我是做培训的，通常对方都会问“你是在哪个公司做培训师啊？”我说：“就我自己的小公司。”我都不会告诉别人，我的公司叫“言易咨询”。为什么？因为我觉得自己的公司太不起眼了，别人肯定没听过，说了也白说，那就索性不说。

一直到2015年，言易咨询开始了会员制。有位30来岁女会员叫艾米丽，个子不高，脸圆圆的，有一双大大的眼睛。年底时，她有一次跟我和同事说，在她30来岁的人生当中遇到过几次重要的转折，都是言易咨询陪她度过和成长的。她那句话让我特别感动——原来在我心中这么不起眼的小公司，在我们会员心中是那么有价值。她的话点醒了我，既然她看到了我们的价值，我们更要认可自己的价值。

所以我就开始回头看我的每一段职业经历，对于我现在做培训和教练有什么意义。

我的第一份工作是大学里的英语老师，以前觉得做老师的经历没有为企业内训加分，所以我几乎不提这段经历。但是我回头看才发现，我做老师的时候就展现了喜欢分享知识的特点和对创新教学方式的热情。那时我很喜欢设计各种游戏，并且让学生参与到教学中。看到第一份工作的价值后，我现在会愿意介绍我第一份工作是大学英语老师。我还会开玩笑说，我跟马云有一样的起点。

第二份工作是外企做客服，我以前觉得客服的工作比较卑微，不是高职位，也不值一提。但后来我发现，正是客服的工作锻炼了我的沟通能力，也为我后来研究沟通、言语表达奠定了很好的基础。客服的经历还带给我一个意想不到的收获，就是我的声音。那时每天不断地接打电话，我于是锻炼出来如何透过声音传递情感的能力。

2020年4月我加入了领英的导师计划，为三位还在读大学或研究生的学生提供职业辅导。其中有两位大学生在写给我的感谢卡中都提到，我的笑容消除了她们刚跟我通话时的紧张心理，让她们觉得很温暖、很有感染力。其实我们都是语音通话，她们看不到我的表情，但是她们都感受到了我的笑容。所以我很感谢这段客服工作经历，让我学会如何通过声音来传递真诚的笑容。

我的第三份工作是英语同声传译员。我曾经觉得英语同声传译员不是一份企业内部的工作，对于做企业内训没有加分，所以也不愿意跟学员提起。但是当我去看这份工作的意义时，发现它拓宽了我知识的广度。我现在给一些企业做定制的课程，我能很迅速地了解这个行业或岗位的关键内容，因为我做同声传译员时就接触过了各个行业、各种岗位，可以很快地找到定制课程中针对企业的切入点。

从2004年到2011年，我还在一个非营利组织——国际演讲会（Toastmasters International）担任了各级别的领导岗位，从俱乐部负责人到中国区负责人、亚洲区发展顾问。

我以前认为这只是个非营利组织，大家都是志愿者。即使做了中国区的负责人，这也不能凸显我的领导力背景，所以也很少提。但自微信公众号兴起后，我看到很多人写过类似“你离开现有的平台你还能做什么”的文章。这启发了我从另外一个角度来看我在国际演讲会领导经验的价值。

在企业里，有明确上下级关系，下属的业绩考核掌握在你手中时，这样的管理跟没有上下级职权约束，完全靠非物质激励去领导相比，哪一个更难？我觉得后者更难。并且当时我做中国区负责人时，港澳的俱乐部刚并入大陆，全中国各个地区的演讲俱乐部的文化都不同，我们针对不同的地区制定不同的发展战略，思考着如何提升团队的凝聚力，慢慢地将各地的标准统一、思想统一，奔着同样的目标去发展。

回头看其实这段经历真的很锻炼人，我后来培训过的管理者越来越多，发现不管是营利组织还是非营利组织，其实领导者遇到的问题都大同小异。

最后就是我的创业经历。2011年我成立言易咨询，我曾经觉得我的公司太小，没必要提。但我现在发现创业的经历全方位提升我的能力，作为创始人，我要思考如何创立企业愿景、培养员工，还要提升自己的销售能力、营销能力，要学习互联网产品思维、品牌形象打造，2020年后还要学直播等。这些经历都逼迫我成长。

所以当我梳理完我的职业经历，我接纳了自己的过往。虽然跟牛人比，我真的很普通，但是我每一段过往的经历都成就了现在的自己。当我接纳了自己的经历、看到每一段经历的价值时，我就更愿意地去告诉别人我是谁了。

这就是《很高兴认识你》这支舞蹈带给我的思考。我们每一段经历都成就了现在的自己。接纳自己的经历之后，我们才会愿意把自己的经历设计成故事，坦然且自信地告诉别人，甚至喜欢上自我介绍。

二、自我介绍中可讲的六类故事

我总结了六类可以在自我介绍中讲的故事。第一类就是自己名字的故事。如可以这样开场："大家好，我是××，我的名字其实是有个故事的……"

1. 关于名字的故事

你还记得我在第一章第二节中是如何介绍我名字的故事吗？"我就是一个集智慧与魅力于一身的培训师"。在我的培训课中，我通常就是从我名字的意义，引出我的培训使命。我的名字故事让学员更容易记住我。

2. 关于爱好的故事

如"我为什么会有这个爱好？我为什么会喜欢上这个爱好？"适用于偏社交的场合。你可以先告诉别人你的名字和职业，然后说你最近的爱好，或者你已经坚持多年的爱好，接下来就讲述你关于爱好的故事。

我在社交场合有时会这样介绍自己：

大家好，我叫刘颖丹，在上海工作有20年了，我自己开了一家培训咨询公司叫言易咨询。我在不惑之年开始了一个新的爱好，就是街舞。为什么我到了中年还会开始学跳舞呢？是因为我看了《这就是街舞》这个综艺节目，看到街舞的选手们在台上，用身体去讲故事，我就有触电的感觉，因为我是一个平常喜欢研究用语言怎么去讲故事的人。

2019年底，我在一个街舞工作室报了班，跳了四十几节课。每次去上课，前半小时都是备受折磨，后悔不已："我为什么要在这里跟比我小了20岁的人一起学舞？他们学太快了，我太笨了。"等到课程最后10分钟时，我忽然发现我竟然跟上了节奏，课程结束时舞蹈工作室的人还给我们拍视频。晚上回家美滋滋地看着自己那20秒的视频时又狂喜不已。虽然动作不优秀，但我好歹记住动作并跟上节奏了。所以学街舞的过程让我体会到要坚持才会有成长。总而言之，我就是一个到了不惑之年才开始学跳舞，还在不断成长的人，我的名字叫刘颖丹，很高兴认识大家。

3. "我为什么会喜欢我的工作"的故事

例如，你可以说"大家好，我是××，我是做××工作的。我很喜欢我的工作，为什么这么说呢？……"通过这样的自问自答，你可以讲一个关于工作的故事。

我故事课的学员小谭，就是这样在自我介绍中讲述关于他的工作的故事：

我在一家世界五百强医药企业"××医药"负责供应链的工作。我很喜欢我现在的工作，不过很多人对于医药企业有着误解。

两年前有一部电影很火，叫作《我不是药神》。大家看了这部电影后觉得，医药企业怎么那么不要脸，卖那么贵的药。其实我是知道的，对于医药企业来说，很多新药的研发成本非常高。有可能花了几十亿美元还做不出来一个药。

那么，我作为供应链管理人员，我的价值就可以体现出来了。在过去的几年时间里，我帮助我们研发中心进行了很多降低成本的措施，包括整合需求、进行数据化分析、打通流程、减少浪费、提高效率。所以我觉得我的工作特别有价值，这是为什么我很喜欢现在的工作的原因。

在小谭的自我介绍中，他先讲出观点，“喜欢现在的工作”，然后阐述了冲突，即人们对医药企业不好的印象。随后他讲出了自己工作的价值，即可以帮助企业降低成本，这是故事的解决方案阶段。结果是觉得“工作特别有价值”，最后再次强调自己喜欢现在的工作。

这个自我介绍的故事让我印象深刻，故事的冲突阶段引入了大家熟知的电影，讲出了听众心中的疑虑，很吸引听众继续听下去。等我听完整个故事后，完全认同了他工作的价值。这种自我介绍的方式，比直接告诉听众你的工作内容要更生动更有说服力。

4. “我为什么会来参加这个活动”的故事

当你去参加一个活动，可以分享自己为什么来这的故事，这样不仅介绍了你自己，还可以引发其他人的共鸣。

5. “我和大家有什么共同点”的故事

在第二章第一节中我举过杨澜在苏格兰TED Talks上的演讲开场故事作为案例，那个故事就是通过与听众的共同点拉近与听众的心理距离。所以当我们拜访新客户、去到新环境需要做自我介绍时，不妨想想自己与这个新的客户，或新环境中的听众有哪些共同点。在开场介绍自己时，可以顺便通过一个小故事讲出与在场人士的共同点，就可以迅速建立好感。

6. 关于自己性格的故事

你可根据场景和对象思考你希望展示哪个性格特点，再设计相应的故事。这类故事在面试时尤其重要。你的故事地图中有很多素材可以展示你的性格特点，在面试时，提前了解这个企业需要什么性格特点的人才，你选取自己相应的故事讲述即可。

本节内容回顾提问

自我介绍中可讲哪六类故事？

本节作业

1. 你的每一段经历都成就了现在的自己，回顾一下你的职业经历，看看每一段经历都带给你什么成长。

2. 使用本文中提到的一类故事，设计一段自我介绍（2分钟以内）。

第二节

会讲故事的工作汇报，更能展现自我价值

工作汇报几乎是每位职场人士都要完成的任务。工作汇报包括向客户、跨部门同事、合作伙伴、上级等做汇报，当然职场中最常见的汇报是向上汇报。不同企业、不同岗位的员工做工作汇报的频率不同，有的形式比较随意，有的比较正式。但不论如何，工作汇报都是工作中非常重要的沟通场景。所以本节内容专门来谈谈，如何把故事思维运用在工作汇报中，让汇报对象认同你的价值。

一、工作汇报的目的和误区

据我了解，工作汇报一般有以下三大目的。

目的1："告知"

让汇报对象了解工作进展、已取得成绩、下一步计划等。例如，在企业中向上汇报的例会上，职场人士需要告诉上级自己上个阶段完成了哪些任务，以及接下来的工作计划，这种汇报往往有固定的形式。当然向上汇报也有可能是偶发性的汇报，例如，我曾辅导过一个企业高管，因为全球CEO造访中国区，他需要代表自己的业务部门向全球CEO做一个业务汇报，让对方更了解中国的业务发展状况。这个汇报就是偶发性的工作汇报，也属于告知型。

目的2："做决定"

请汇报对象针对某个问题的可选解决方案做出决策。例如，工作项目在进行中出现了问题，我要向上级汇报所发生的问题、提出可行的解决方案，并请上级做出决策。如果是小事，我们可直接提出自己觉得最优的方案，请上级采纳。如果是比较复杂的事项，我们可给出2～3个可行方案，说明利弊，请老板做选择。当然这种类型的汇报对象也有可能是客户，在为客户进行的项目中发现问题，向客户汇报并提出解决方案，请客户决策。

目的3："请批准"

请汇报对象批准提案或所需资源。例如，你想在企业启动一个新项目，请上级批准预算，或者批准增加一个人员配置。与第二种汇报不同的是，这种汇报更多是为了长远的利益而申请当下的投资，因而需要说服上级批准。而上面第二种汇报，是针对已经发生的问题提出解决方案。"请批准"类型的汇报对象同样也有可能是客户，例如，广告企业的比稿，就是向客户提出针对客户某产品的广告提案，希望客户选择自己合作。所以第三种类型的汇报往往带有说服的目的。

二、故事思维如何让我们避免误区

了解了汇报目的后，让我们看看工作汇报中有哪些常见误区。然后我再来谈为什么讲故事可以帮助我们避免这些误区。

误区1：只列出问题，不提出解决方案

职场新人尤其容易进入这样的误区：遇到一个问题，马上问上级怎么办，上级给出答案，自己照做。职场新人因为缺乏经验，这样做也无可厚非。不过随着经验的积累，我建议大家自己遇到问题时思考：如果你是上级，你打算怎么解决。这样既能提升自己主动解决问题的能力，也能让上级看到你的价值。

当然如果你是管理者，你也要警惕自己不要被下属这样的汇报误区所带偏。不要下属一问你要怎么办，你就赶紧想方法，替下属想解决方案不能培养下属的独立思考能力。如果下属只向你汇报问题，没有自己思考解决方案，你可以先不急着回答，反问一句："你觉得怎么处理比较好？"然后再帮助下属把解决方案思考得更完整。

误区2：太多细节，重点不突出

根据我的培训和辅导经验，我发现很多职场人士做工作汇报，尤其是向上汇报时都有这个问题：讲了几分钟老板都不知道他要说什么，于是打断他。汇报者被打断后更紧张，语无伦次，形成恶性循环。为什么会发生这种自己说了一堆话，别人不知道重点的情况呢？这跟中国人的一个典型思维习惯有关，即先把事情的来龙去脉说一遍，再说自己的结论或目的。例如，有人想跟你借钱，一定会先跟你说一堆理由，说了半天之后，你终于明白了，他要跟你借钱。数额越大，对方铺垫得越久。一般很少有人会第一句话就跟你说："我要跟你借钱。"

很多人在做向上汇报时，用的就是上面所说的“借钱”的表达方式。先铺垫很久，最后才讲出自己的目的或结论。这个时候，上级早就等得不耐烦了。这样的汇报会给对方留下说话啰嗦、不知所云的印象。要知道绝大部分上级都很忙，如果你不能重点突出，让对方在你开口的第一分钟内就明白你要说什么，对方就会认为你在浪费时间。

所以在职场，我们要与生活中“借钱”的表达方式反其道而行之。大胆地向上级讲出你的观点或请求，再用数据和事例来论证你的观点，或讲出你的提案对上级的好处，说服对方批准你的请求。

误区3：从自己的角度去思考，没有考虑汇报对象的角度

举个例子，假设你想跟老板谈加薪，你会怎么谈？在我的培训课上，有不少学员会这样说：“我现在家庭生活压力很大，每个月要还房贷，刚刚生了二宝，家庭的开销很大，这点工资不够啊。”这就是从自己的角度去谈要什么。但是老板的角度是：你如果不能为企业带来更多的价值，凭什么你的生活压力要我来承担？

当下属想向上级要预算、资源时，上级思考的角度是：“我投入了这笔预算、资源，会得到什么产出？”如果我们想得到好的结果，汇报前就要站在上级的角度思考，上级关心的是什么。

而故事思维可以帮助我们避免以上这些误区。

你还记得故事的5S结构吗？运用故事思维进行工作汇报的第一个好处就是：带着解决方案去汇报。解决方案（Solution）是故事的5S结构中很重要的一环。这会帮助我们避免陷入前面所说的第一个汇报误区。

故事思维的第二个好处是促使我们换位思考。在关于金句那一节内容中，我分享了两类金句：好处类和态度类。如果是向老板要批准、要资源，我们要用好处类金句。用金句总结方案对老板的好处，更容易获得对方的支持。所以故事思维会促使我们从老板的角度思考，从而避免上述的第三个误区。

故事思维的第三个好处是促使我们围绕金句选取必要的素材。汇报者从好处类金句开始倒推，在铺垫、冲突、解决方案、结果这四个环节中选取能支撑观点的素材。这会促使汇报者抓住重点，避免汇报中有不相干的细节，从而避免了上述第二个汇报误区。

总而言之，用故事思维来做工作汇报，会帮助我们避免陷入误区。

三、从三个案例看故事思维在工作汇报中的运用

让我们通过三个案例，具体看看如何用故事的5S结构来设计工作汇报的内容。

1. 罗振宇的嘉兴图书馆故事

罗振宇在2019年12月31日的跨年演讲《时间的朋友》中讲了一个这样的故事：

这是2019年非常震撼我的一个数据。你们想，中国1个地级市1个图书馆1年它能办多少场活动？20场？100场？500场？不！5000场，1年1个地级市的图书馆100个工作人员办了5000场群众文化活动。这就是浙江省的嘉兴图书馆。当然，真正震惊我的不仅是这个数据，而是我了解这件事情之后，我完全把这件事情想错了。我刚看到这个数据的时候，我在想，1个图书馆，本来很冷清，但他们能够找到群众感兴趣的活动。比如说老年人，我会给他们办什么活动？琴棋书画？养生？健康讲座？你真要干了，就发现根本不是这么回事。

告诉大家真实世界的情况，老年人参加的任何活动最烦的两个字是什

么？老年，但凡沾这两个字，他们是不会来的。我们刚才说什么琴棋书画，什么健康养生，我们是默认老年人退出社会参与的。他们从此打发时光就行，度过余生就好。但是真实世界的情况是什么，是老年人对参与社会活动的欲望极其强烈。所以嘉兴图书馆在真实世界里给他们办讲座，比如教老年人用智能手机。我们当子女的都有这份孝心，我们给家里老年人买智能手机是能做到的，回家连上Wi-Fi让爸妈用，说不懂问我。但是你想过吗？老年人出了门，Wi-Fi断掉了，他会不会再连呢？他是不是真的会使用智能手机那些功能呢？

嘉兴图书馆办了一系列这样的讲座，老年人因为学会了使用智能手机，他就可以自己查公交线路图，自己在医院挂号、在淘宝上购物。甚至有些要强的老年人，在淘宝上卖货，这都是社会参与。

嘉兴图书馆发现，最受老年人欢迎的一个讲座，你可能想不到，叫如何制作电子相册。制作电子相册这事对我们来说，很简单啊，也没什么麻烦的：下载个软件，拍一些照片，上一些音乐，上一些字幕，发到朋友圈里。但是你想，对一个老年人来说，这是一个门槛非常低的、体现自己创造力而且有社交货币属性的事，老年人喜欢得不得了。

这故事其实对我震撼特别大，为什么？因为我看到5000场这个数据的时候，我其实并不了解真实社会的挑战。所以我们经常讲，你把事做了你就是做事的人了吗？不，做事的人有一个共同的特征，叫不是去解决想象中的问题，而是去回应真实世界的挑战！

罗振宇的这个故事与我们的年终汇报非常类似。他的故事与我们此前分享的案例的不同之处是：他从结果开始，在开场把数据“5000场”讲出来，让听众震惊，然后再把这个数据背后的故事讲出来。这个案例也说明了5S结构的顺序不是一成不变的，可以根据自己的目的灵活使用。

同样我们做向上汇报也可以如此，尤其是在面向老板汇报工作进展和业绩时，可以先从结果开始说起。

接下来我通过5S结构来简单分析这个汇报类故事的结构（见表4-1）。

表 4-1　嘉兴图书馆故事 5S 结构解析

结果（Result）	在 1 年里 1 个地级市的图书馆 100 个工作人员办了 5000 场群众文化活动
铺垫（Setup）	嘉兴图书馆的工作人员要举办活动
冲突（Struggle）	罗振宇用一句话“我完全把这个事情想错了”来制造故事中的冲突感，吊听众胃口。然后他讲出冲突是：我们以为老年人的活动应该是健康养生，但是实际上老年人不喜欢“老年”这两个字
解决方案（Solution）	教老年人使用网络、使用智能手机、制作电子相册等，帮助他们更好地参与社会
观点（Standpoint）	做事的人不是去解决想象中的问题，而是去回应真实世界的挑战

所以你向上级做工作汇报，也可以用这个结构。先从结果开始，再按照铺垫、冲突和解决方案的思路来汇报你是如何做到这个结果的。最后再来一句精练的观点，给上级深刻的印象。

此外有一点要注意，在工作汇报中讲冲突，千万不要故意煽情，或过分渲染辛苦的程度，这样很可能会起反效果。在冲突这个阶段，可以讲工作中遇到的预料之外的困难，或比较典型的困难。罗振宇在故事中并没有渲染工作人员多辛苦，而是讲我们预想的老年人的活动跟他们实际需求是不一致的。这其实就是意料之外的困难。在工作汇报中分享你遇到的意料之外的困难，以及你如何战胜这个困难，对于团队和企业都是很有意义的，这会帮助其他人少走弯路，也展现了你的价值。

2. 比尔·盖茨的演讲

比尔·盖茨在2015年一次TED Talks上做了一个演讲，题目为《面对下一次流行病，我们没有准备好》（*The Next Outbreak? We Are Not Ready*）。

在2020年全球新冠病毒肺炎疫情爆发的时候，比尔・盖茨的这个演讲又被广泛传播，因为谁也没有想到他五年前在演讲中的预言居然成真。

他的演讲时长有八分半，我就不摘录他的全部演讲文字稿了，而是通过5S结构表格，简要概括他的汇报思路（见表4-2）。

表 4-2　比尔・盖茨演讲 5S 结构解析

铺垫（Setup）	比尔・盖茨在演讲的开始提出一个假设：如果在接下来几十年中，有什么能杀死千万人，更有可能是高传染性病毒，而不是战争
冲突（Struggle）	比尔・盖茨分享了人类处理埃博拉病毒所暴露的问题，以及今后可能面临的更严重的问题：让我们看看埃博拉，充满了很多艰难的挑战。事实上我们可以看到几个明显的不足。我们没有能立刻派遣的流行病学家去疫区看看病理和病情发展，也没有能立刻调派的医疗团队，更没有一套防疫抗疫的方法。我们也没有人研究治疗方法，没有人研究诊断手段和工具。这是全球性的失败。如果下一次的病毒感染者在还没有症状的时候就有传染性，这样的话后果要严重成千上万倍。疫情有可能全球蔓延，这是一个非常严重的问题
解决方案（Solution）	比尔・盖茨提出了今后面对流行病的解决方案： 我们应该做的关键事项有：（1）在贫穷国家建立强健的卫生系统；（2）我们需要医疗储备队，还有很多训练有素的人，随时可被派遣到疫区；（3）我们可以用军队来配合医护人员，利用军队移动迅速的特性，来进行后勤运输和维持安全；（4）我们也需要做情景模拟，进行病菌游戏，看看漏洞在哪；（5）在疫苗和诊断上还要做很多研发工作
结果（Result）	比尔・盖茨讲出了采用他所提出解决方案的潜在好处： 我没有明确预算这需要花多少钱。但我确信跟疫情带来的危害比起来，花费是很少的。世界银行预估，如果我们有流感爆发，全球将损失三万多亿美元。可能还会导致千百万人的死亡。这些投资将带来显著的好处，不仅仅是让我们防御疫情，还可以提升基础的卫生保健、研发，促进全球健康的均衡发展，让这个世界更安全
观点（Standpoint）	比尔・盖茨最后总结的观点是：我们需要开始行动，刻不容缓

如果我们要做的汇报是向上级说明工作中发现的问题，并提出解决方

案请老板决策，可以像比尔·盖茨这样运用5S结构来组织内容。

在汇报的铺垫阶段，我们可以言简意赅地描述现状。然后在冲突阶段具体说明现阶段遇到的困难、原因以及不解决问题可能会有的后果。接下来再提出自己建议的解决方案，并说明这样做可以带来的良好结果是什么。最后再强调自己的观点，争取对方的批准。

比尔·盖茨这个演讲毕竟不是直接汇报给某个领导，他只是呼吁全球各国这样做。所以最后他在演讲结尾仅仅号召大家行动起来。而我们如果是在职场中给上级提解决方案，最后一句话可以直接说："希望得到您的批准。"

3. 蔡露西的工作汇报作业

该案例来自我的一位学员蔡露西。

露西在课程中提交了两次工作汇报的作业打卡，你可以看看她在收到我的点评之后如何改进的。她的汇报对象是各大企业的企业社会责任（CSR）经理，她的汇报目的是吸引对方参加她企业组织的公益活动。

露西第一次工作汇报作业：

过去几个月，新冠病毒肺炎肆虐全球，死亡人数持续增长。疫情震中不断变换，多国边境相继关闭，全球经济跌入谷底。戴口罩、居家隔离、不聚餐等防疫措施在人与人之间筑起了一道无形的高墙。争抢医疗物资，制造病毒源头阴谋论，世界分崩离析。

今年六一国际儿童节，我们希望通过来自星星的小王子这个H5填色游戏，让10万人在线为拼图填色，一起表达善意、表达爱。游戏里的画作由自闭症艺术家韦一哲主创。这个来自星星的小王子H5填色游戏的玩法非常简单。网友只需要打开手机，点选颜色完成自我表达，系统将根据色彩分析推导出参与者的性格标签，如浪漫小王子、呆萌小王子等，参加者可转发给朋友展示自己。

全球各地不分种族、肤色、国籍都可以在线参与。多元背景的小王子作品拼合成五彩斑斓的世界。哪怕世事变幻无常，世人对希望与爱的追求一如既往。无限延续的彩色拼图将让每个分隔各地的个体不再孤单。企业作为支持方参与，不仅可以通过员工的志愿者活动，加强企业文化建设、凝聚人心，还可以在相关平台进行曝光，提升品牌形象和美誉度，建立负责任的企业品牌形象。对于这件全球盛事的参与，更能为企业的国际化品牌形象加分。

表达善意、表达爱，在疫情之下，让我们逆流而上，为世界做点力所能及的事情吧。

我给她的点评如下：

露西你好！很高兴听到你用真实的案例作为作业打卡，欣赏你将所学运用到实际的工作中。你这个汇报有以下亮点：

（1）声音充满了自信，我很愿意听你说下去。

（2）包含5S结构每个环节。

（3）你提出的解决方案听上去很有趣，我也想参与。

（4）在结果的阶段，你是站在客户的角度说参加这个活动对他们有什么好处。

为了让这个汇报更吸引你的企业客户，我有以下几点建议：

（1）开头的铺垫有些长，可以缩短。

（2）你在冲突阶段说的是新冠病毒肺炎疫情对全球的影响，更能打动听众的方式是讲出新冠病毒肺炎疫情对你客户所在企业的影响、他们正面临哪些痛点。

（3）在解决方案阶段你主要介绍了这个游戏的玩法，如果我是企业客户，我会更想知道企业要做什么。我建议这个游戏的具体玩法介绍可以简洁一些，更侧重企业如果参与的话，要投入什么、做些什么。

（4）在结果阶段，你提到了一些感性的好处，这些可以保留。此外还可以增加一些可衡量的好处，如你预计招募多少用户参与这个活动，企业的曝光量是多少，相当于为企业节省多少市场广告费用等。

（5）最后还可以加一句金句。

我写的建议有点多，不过我相信你从这些方面改善一下的话，当你真正面对客户汇报提案时会做得很好！加油！

露西收到建议后优化了这个汇报。她实际面对潜在客户汇报的篇幅很长，课程中因为时间所限，她讲述了以下2分钟的精华版：

过去几个月，新冠病毒肺炎肆虐，全球经济受到严重打击。在不聚集的隔离新常态下，公益活动难以开展，企业员工志愿者活动陷入停摆。第二季度怎么向老板汇报工作成效？2020年预算缩减后怎么做活动？2021年的企业社会责任报告该怎么办？大家的难处我们都懂。

六一国际儿童节到来之际，我们特别计划了一个在线填色游戏。企业可以通过资助或置换资源参与，届时全球将有至少10万人参加活动。在线为自闭症艺术家韦一哲的画作填色，与其他99999人一起在线用拼图向世界表达希望表达爱。你不仅可以鼓励员工参与，以及转发分享，一起捐赠。还可以定制衍生品进行义卖，推广活动信息，呼吁更多人安安全全做公益，献爱心。

作为战略合作伙伴，企业可以组织员工志愿者活动，以此加强企业文化建设、凝聚人心，还可以提升企业形象和美誉度，打造负责任的品牌，更能为企业的品牌国际化形象加分。同时借助活动在各媒体、广州塔、地铁站、户外大屏等渠道露出，传播量将超1亿，为您节约超3亿的广告预算。

全球各地不分种族、肤色、国籍的人们都可以在线参与。10万幅多元背景的小王子作品将拼合成五彩斑斓的世界。哪怕世事变化无偿，世人对希望与爱的追求一如既往。彩色的拼图让每个分隔在各地的个体不再孤单。缤纷色彩，因你更美。

你觉得露西的第二次作业与第一次作业相比，有了哪些进步？在我看来，第二次的汇报目标更明确，对她的听众来说更有针对性。铺垫阶段做了精练，冲突阶段戳中了听众的痛点。解决方案阶段不仅简要地说明了这个公益游戏怎么玩，更重要的是让企业社会责任经理们明白了自己要做什么。在结果阶段感性和理性的好处都有提及，最后还有一个金句结尾。我也希望这个真实的工作汇报案例会给你启发，将5S结构运用在自己的工作汇报中。

本节内容回顾提问

1. 向上汇报有哪三种常见的误区？

（1）只列出问题，不提出______；

（2）太多细节，______不突出；

（3）只考虑自己的角度，没有考虑______的角度。

2. 本节中的三个案例对你有什么启发？

本节作业

假设你面前是你的老板或者客户，运用故事5S结构进行一个工作汇报。

第三节

用故事解读数据，摆脱枯燥讲解

数据给我们的印象往往是枯燥的，怎样将数据与故事结合起来，让数据听起来津津有味，让听众能轻松理解数据背后的意义呢？这就是本节想要达到的目标。

上一节中提到罗振宇讲嘉兴图书馆如何1年完成5000场活动的故事，这个案例既是一种汇报案例，也是用故事来诠释数据的案例。在本节中我会将内容扩展至如何用各种不同的故事元素来诠释数据。

一、使用数据的目的和误区

我认为使用数据的目的，归根结底是传达观点。在谈如何运用故事思维诠释数据前，我想先谈谈我所观察到的使用数据的常见误区。

误区1：只有数据没有观点

根据我的培训和辅导经验，很多职场人士在汇报时只提及数据，并没有讲出这个数据所代表的意义。

例如，培训部门说去年组织了100场培训，但是100场培训这个数据到底是好数据还是不好的数据，并没说。又如，销售跟客户介绍企业时说，我们企业去年营业额达到了1亿元。但1亿元这个营业额是否是好数据，没有说。所以客户听到这个数据，可能会得出不同的结论。假设客户企业年销售额是几千万元，听到1亿元的数据，会觉得企业销售额不错。但如果客户企业年销售额是几十亿元，会觉得销售额才1亿元，不足挂齿。所以如果只有数据而没有观点，你的表达就是无效的。

误区2：满屏数据没有重点

我听过很多职场人士的工作汇报和演讲，大部分人的PPT上都是满屏数据。台下的人忙着去找汇报者在说哪个数据。当听众需要努力阅读屏幕上的内容时，他们听汇报者说话的专注度就被分散了。并且满屏数据还会给听众留下缺乏重点的印象。时间久了，听众很容易走神。

误区3：听众对数据没感觉

举个例子，我看过某手机品牌的新品发布会。发言者向听众宣布，这款新手机厚度是多少毫米，屏幕是多少英寸。但是作为听众，我对这些数据没有感觉，不知道厚度和屏幕的数据意味着什么。如果听众对数据没有感觉，你的表达就是无效的。

二、用故事思维诠释数据的六种方法

了解完误区，我猜你会好奇，到底怎么运用故事思维来诠释数据呢？接下来我来分享六种方法。

1. 写出数据背后的观点

据我观察，绝大部分职场人士的PPT上，如果出现表格，会写类似“过去五年客户满意度调查结果”“2020年手机产品各品牌市场份额”的标题。这种标题只告诉听众表格里的数据是什么，而没有告诉听众表格所反映的观点是什么。大部分人都是口头讲述表格所说明的观点。

我通常会建议职场人士把PPT上的标题换成表格所传递的观点，如“我司过去五年客户满意度连续排名行业第一”“品牌A在一线城市占据绝对优势”。而在上一段中所提及的表格名称可以用小字标注在表格旁边。最重要的信息是我们的观点，这应该成为听众的注意力焦点。

把自己的观点醒目地写在PPT的标题栏。这样做有两大好处：第一，听众可以一目了然地看到你想传达的观点，印象更深刻；第二，不用担心听众因为走神或提前离开而错失你的观点。

你在做汇报时，听众可能因为使用电脑或手机分神而漏听了你所说的话，但他们在抬头看PPT时能迅速抓住你的要点。还有的时候，台下的领导或重要客户因为其他工作提前离场，而错过了你的汇报。你需要会后发送PPT给汇报对象。把你的观点写在PPT的标题栏，能确保即使对方未能亲自聆听你的讲解，也能了解你的观点。而如果你没有把观点写在PPT上，阅读者光看数据，可能并不知道你要表达什么，甚至可能得出其他结论。那就造成此次沟通无效，甚至起反效果。

当然这仅仅只是最基础的方法，只能让听众一目了然地看到你的观点，难以让他们津津有味地聆听。接下来的几种方式或许会让你的数据诠释更有趣。

2. 讲出关键数据背后的故事

举个例子：假如我告诉你，我们企业客户满意度为99%，你觉得99%这个数据怎么样？我问过很多学员这个问题。他们听到这个数据后，对该企业客户满意度的印象褒贬不一。不少人觉得这个数据不太可靠。也有人说这个数据未必是好数据，因为有的企业客户满意度都是百分之九十九点几。其实这个99%的客户满意度数据，是我在一个物业管理企业做培训时，他们市场部的员工向客户做介绍时，都会提到的一个数据。

我在课程中听到这家企业的几位员工都提到这个数据后，我问他们："这个99%的数据到底好还是不好？"然后他们告诉我这个数据已经很好了。一位员工跟我讲述了这个数据背后的故事：

我们竞争对手的客户满意度一般在95%左右。其实我们企业两三年前也跟竞争对手差不多。

但在两年前，我们专门成立了一个项目组研究：为什么我们的客户满意度是这样？能不能再提升？

结果我们发现客户的不满意集中在两点。第一点就是信息的及时性。例如，小区某栋楼忽然停水了，小区业主很想知道出了什么问题，到底什么时候会恢复供应水。但此时很多人都在同时打电话给物业，物业只有两台电话，很多人就打不进来，特别着急，投诉增多。第二点是投诉处理流程太慢。当有客户投诉时，我们一线人员缺乏自主处理权，很多事情他们都需要层层上报，然后再层层批下来，整个流程太慢，也会造成客户不满意。

我们针对这两个问题采取了两个解决方案：第一，企业做了一个APP，这样我们所有的业主只要通过APP就可以查到所有的信息。并且紧急信息还可以随时推送到我们业主手机上，这就解决了时效性的问题，也减轻了物业人员的工作量。第二，我们下放给一线工作人员更多的权利，他们可以及时采取措施去处理客户的投诉，提高了问题处理的效率。我们做了这两项举措以后，在半年之内，客户满意度就上升到99%。

现在你读完了这家企业99%的客户满意度背后的故事，是不是更相信这个数据了？你对于这家物业管理的企业，印象是不是更好了？

当时我为这家企业的市场部人员培训结束后，他们的市场总监还特意过来感谢我，说以前他们觉得只要讲出了99%这个数据，客户会自动认为他们的客户服务很好。但通过培训才发现，讲出关键数据背后的故事，会让数据更具说服力，更能打动客户。

如果你在职场沟通中告诉听众一个重要数据，不妨把这个数据背后的故事讲出来，这样能大大提升数据的说服力。

3. 将产品拟人化，并讲出相关的重要数据

我们在第三章第二节中讲解过拟人手法，也提到过香港地铁将扶手电梯拟人化的案例。在此分享一个我给某银行演讲比赛选手辅导的案例。当时我辅导的学员要讲的内容是他们部门将人工智能运用在客户服务中的成果。这位学员的开场原本大致是这样的：

我们去年上线了人工智能客服机器人，这个机器人采用了最新的技术，取得了卓越的成果，如一个小时之内可以同时接通6000通电话，客户投诉率为0，为我们部门创收几千万元……

我提议他换一种开场方式，例如：

我们部门去年3月份来了一位新同事，他叫大白，这个大白真是厉害，别看他刚刚入职，在一个月内就成为我们部门的明星员工。他到底有多优秀呢？他一分钟之内可以同时接打6000通电话！并且他个人情绪管理能力特别好，无论客户是什么样的状态，怎么虐他，都能保持情绪稳定，非常温和地跟客户沟通，所以他的客户投诉率为0。并且他的业绩惊人，他每个月为我们部门创收几千万元。由于大白的个人价值太大了，所以他不能亲临比赛现场，由我来代表我们部门向大家介绍，大白是如何在工作上取得如此佳绩。可能我说到这，大家已经猜到了，大白就是我们部门去年初上线的智能客服机器人。

当时被辅导的学员及他的领导听完我的建议，都觉得这个开场生动有趣多了，马上采用了这种拟人的讲解方式。

我故事课上有位叫荷马的学员这样介绍他们企业的一款产品：

人人都想拯救世界，少有人帮妈妈洗碗。所以我们特意请来了有欧美范的好帮手小威，他出身名门，外观帅气硬朗，一出手就将锅碗瓢盆一网打尽。只见他一边哼着小调，一边挥动双臂，全方位360度无死角进行大清洗。他最得意的是将自己的18般武艺通过一键智慧洗施展出来，双面龙卷洗、高温消毒洗、专属分类洗、长效抑菌。家里的碗筷、盘碟、刀叉又重新找回了自信，焕然一新。小威每天可以帮妈妈们减少××分钟的洗碗时间，让妈妈们有了更多的时间做自己喜欢的事情。妈妈们纷纷说："高品质生活有你真好！小威，××智能洗碗机。"

这个小威的拟人化描述采用故事的逻辑结构，运用了五感词汇，让整个描述形象很生动，充满画面感。荷马的描述中第一句话讲出了冲突"很少有人帮妈妈洗碗"。第二句讲出了解决方案"请来了有欧美范的好帮手小威"。他整个描述是为了突出产品，所以解决方案阶段的时间比较长，列举了小威的关键功能，如360度无死角大清洗、一键智慧洗等；倒数第二句话讲出结果，即对用户的好处——"每天帮妈妈们减少××分钟的时间，让妈妈们有时间做自己喜欢的事"。最后一句是金句"高品质生活有你真好！"

对比普通的罗列产品功能和数据的方式，这种拟人化的方式是不是更吸引人？所以我鼓励你也尝试把你的产品或服务拟人化，然后在介绍这个"人物"时把他关键的数据讲出来，最后才揭晓他其实是你的一款产品或服务。

4. 将数据转化成五感的体验

如果我告诉你，某款电脑厚度1.7厘米，你看到这个数据能想象出这款电脑的厚度吗？作为消费者，我对于这样的数据是没有直观感受的。苹果公司的创始人乔布斯就用了一个很巧妙的方式，把这个厚度变成了让消费者可以触摸的体验。

苹果在2008年推出MacBook Air这款电脑时，乔布斯在发布会上把电脑塞入一个A4文件袋。这样用户立刻有了动觉体验。我看到广告时就幻想自己把电脑塞入文件袋的画面，因此特别想拥有这款电脑。所以2010年我换电脑时，毫不犹豫买了MacBook Air。乔布斯就是通过把数据转化为五感体验，让听众对数据有感觉，从而刺激消费者的购买欲望。

我故事课的学员黄闪闪在学习了这个技巧之后，用一分钟这样介绍她们企业的产品：

我在一家互联网企业工作。我们企业为企业客户的网站和APP提供加速产品，可以帮助企业用户访问速度提升30%以上。它是一个虚拟的服务，你看不见也摸不着，但是它可以被用户感受到。A视频网站在没有使用我们企业的产品的时候，用户投诉看视频太卡，等待视频播放时间超过忍耐极限，就像在北京上下班高峰期间，在环路辅路上堵车一样——车速不到40km/h，走走停停。当A视频网站用我们的产品以后，用户秒开视频，全程观看流畅，就像在疫情期间一个人开车在北京二环主路上，车速120km/h以上，马路两旁的大厦唰唰唰地往后跑，一口气开到终点的感受。总而言之，这就是我们企业的产品，看不见的服务，看得见的速度。

这个简短的产品介绍不仅讲出了关键数据“访问速度提升30%以上”，还把用户的观看速度比喻成开车的速度，并使用视觉和听觉描述，如“疫情期间一个人开车在北京二环主路上”“马路两旁的大厦唰唰唰地往后跑”，让听众感受到视频观看流畅的畅快感。

希望这两个案例也可以启发你思考，如何将你要讲的数据转化成让听众可以想象到的五感体验。

5. 把专业数据换算成听众熟悉的事物

2018年4月的一期《奔跑吧兄弟》节目与联合国一起举办了一个演讲活动。当时，节目嘉宾们都上台用英语向台下的外国听众介绍联合国的项目和案例。演员郑恺在他的演讲开场提到了一个数据，并且把这个数据换算成听众熟悉的事情，让听众更有认同感。他演讲开场第一分钟的内容如下：

女士们先生们，晚上好。请问各位，喝不完的矿泉水你会怎么办？选项一，扔掉；选项二，保存着过一会再喝。你会怎么选？选项二？很好。看来今天在座的各位都是水资源卫士，我很高兴看到这样。不过很多人都没有意识到水资源匮乏的情况。举个例子，让我们一起来看看这张照片，据不完全统计，全世界一天浪费的瓶装水就足够缺水地区上百万儿童饮用三天，甚至更久。清洁饮水和卫生设施是联合国可持续发展议程中的第六号发展目标。

郑恺在这个演讲中提到了瓶装水的浪费。他如果说每天浪费了多少吨，听众其实并不会清楚这到底浪费了多少水。但是他把浪费的水量换算成“足够缺水地区上百万儿童饮用三天”，并且PPT上放着缺水地区儿童的照片，让人揪心。顺便提一下，他使用儿童的照片，即运用了人物这个元素，让听众更有画面感。这种数据换算，一下子让枯燥的数据与我的情感有了联结。原来每天全世界瓶装水浪费的水量是如此惊人。自从看了那个演讲后，我每次出去培训或参加会议，客户发了瓶装水给我，我都会做标记，避免跟其他人混淆而浪费水。如果没有喝完，我会把未喝完的水瓶带走。

所以把冰冷的数据换算成听众熟悉的事物，可以让听众更容易理解数据的意义，甚至还能引起听众的情感共鸣，从而被你打动和说服。

看完了上述联合国活动中的演讲案例，我再分享一位我们故事课学员小周的工作案例。她是医药企业的销售代表，在面对医生的科室会上经常需要讲数据。这是她课上演练的内容：

各位老师好，那么今天小周将会跟大家分享一下，我们外科抗感染的重要性。那么首先我们来看一个数据，8246元是什么意思呢？这指病人如果在手术后发生感染的话，可能会增加他8000多元的费用。可能有人会觉得这个数据不多，也就大半个月或一个月的工资。这里也有一个数据，2019年我国农村家庭全年可支配的费用是16021元，如果这个病人他是来自农村家庭，发生感染的话，就占用了这个家庭半年的收入了。所以说如果我们能够做好抗感染的工作，我们不仅为病人减轻了痛苦，也为病人减轻了经济负担。

小周同学把8246元这个数据，转换成农村家庭半年的收入，让听众更重视这个数据，从而强化了她的观点：外科抗感染是很重要的。

6. 考虑数据的情绪曲线，先说坏消息再说好消息

其实数据也可能会引发我们的情绪变化。例如，销售额连年增长的数据让人看了心情很好，利润连年下跌让人看了心情变糟。当我们的数据既意味着好消息又意味着坏消息时，你会先说哪一个呢？如果你希望听众最终对你有信心，那就先说坏消息，再说好消息。

在大部分职场汇报中，让听众“先担心再放心”的情绪曲线都好过让听众“先放心再担心”。

举个例子，某视频企业2018年路演的PPT中，有一页PPT上既展示了营收成本的逐年递增，又展示了营收成本对总收入占比是逐年下降。你会把哪组数据放左半边，哪组数据放右半边呢？我们习惯的阅读顺序都是从左至右，也就是说，左半边的数据会先被观众看到。

这家企业在路演PPT中把营收成本逐年增加放在左半边，这对于投资人来说不是好消息。如果我是投资人，看到成本逐年增加，我的第一反应会是利润有没有受影响。然后，看到右半边的一组数据是，营收成本对总收入占比是逐年递减的。这对投资人来说就是好消息，虽然成本绝对值增加了，但是占收入的比例是下降的，前面悬着的心就放下了。

再举个例子，是来自电影《极速车王》。其实在第二章第二节中，我已经选取了这个电影中另外一个片段作为案例。本节中所选这个案例也是一次向上汇报。

在说这次汇报的内容前，我先稍微介绍一下这次汇报的背景。福特公司与法拉利公司谈收购没有成功之后，福特公司决定自己组建车队，目标是在法国24小时勒芒耐力车赛上打败法拉利，夺得冠军。福特公司请了一位著名的美国赛车手谢尔比来负责车队的建设。但是第一年参赛，他们车队输了，美国的报纸上大篇幅报道了福特车队的惨败。此时谢尔比需要去向福特公司当时的掌门人亨利·福特二世做汇报。

谢尔比在等待区等候一阵后，进入会议室刚坐下，福特二世问他："给我一个理由，为什么我不解雇包括你在内的车队所有人？"

读到这里你可以思考一下，如果你的老板问你这样的问题，你会怎么回答。我们来看看谢尔比的回答：

"福特先生，我坐在您门外漂亮的等候室时，就在思考这个问题，我坐在那看着这个红色的文件夹经过了四双手才被送到您这里。当然还不包括从1楼送到19楼过程中可能被二十几位其他福特员工看过。恕我直言，靠一个委员会来管理的话您赢不了赛车比赛。您需要一个人全权负责。不过，好消息就是，尽管有冗余的委员会，我们仍然如愿以偿让法拉利先生忌惮我们。"

福特："我们有吗？"

谢尔比："是的。"

福特："解释一下。"

谢尔比："当然我们的赛车过弯有问题，赛车过热，甚至不能抓地，很多零件都坏了，事实上，唯一没有坏的就是刹车，还有我们都不知道车身油漆能否坚持24小时，但是我们的最后一圈，在穆桑直道上速度达到了每小时218英里。在他迄今为止的赛车生涯中，恩佐·法拉利从来没有见过这么快的车速。所以现在他知道，毫无疑问，我们比他快。尽管我们这次没选对赛车手，还有这么多委员会干扰，现在法拉利正坐在意大利办公室想着这些。那个人害怕得要命。怕今年你会足够聪明开始信任我，所以我说，如你所愿，你让法拉利怕你了。不用谢！"

福特站起来，走到窗户边，说："过来！你看看那边的小房子。在二战期间，美国五分之三的轰炸机都是在那栋房里生产线上生产的，你以为是罗斯福打败了希特勒？再想想，这不是福特汽车第一次进入欧洲的战场了。我们懂的可不止是在办公室写文案，并且这个企业由一个人全权负责。你直接向这个人汇报！明白吗？加油干！去奋斗吧！"

在这个汇报场景中，福特公司全球CEO不按常理出牌，没有让他的下属谢尔比按照事先准备汇报，而是直接提出一个致命的问题："给我一个理由，为什么我不解雇包括你在内的车队所有人？"这次向上汇报虽然发生在电影中，但跟我在职场中观察到的真实高管会议很类似，CEO很可能会打断下属的汇报，直接了断地问最关键的问题。

谢尔比的回答无疑是成功的。这里有好几点值得我们学习和借鉴。本节的内容是说数据，所以我先谈谈他是怎么运用数据的。在他第二段具体的汇报中，他就是先说坏消息，承认自己很多地方做得不好，赛车过弯有问题、车子过热、零件坏了等。最后再给出一个关键数据，即好消息，以证明他的观点：我们让法拉利害怕了。他用来支撑这个观点的数据是：在最后一圈直道上速度达到了每小时218英里。

谢尔比很清楚他的汇报对象，即企业总裁，要的是什么。亨利·福特二世在法拉利公司拒绝被收购之后，就一心想打败法拉利，以证明自己企业的实力。谢尔比如果能证明自己有机会打败法拉利，他就能说服老板不解雇车队。所以，在他的汇报中，他并没有一一罗列那些不好的具体数据，只承认那些方面的确有问题，然后他使用了最有利于证明自己观点的数据，成功地说服了老板，让老板对他有信心。并最终还拿到了自己想要的资源，即决策权。

然后来谈谈谢尔比的第一段回答，他第一段的观点是“靠委员会您赢不了比赛。尽管如此，我们仍然让法拉利忌惮我们”。他在讲出这个观点前，用了几个数据来说明委员会的冗长决策。仅仅从他的文件被送到亨利·福特二世手中这件小事中列举几个数据，就足以让老板理解他所要说的复杂流程。这里他是先讲出一个坏消息，即企业的流程复杂这一痛点，再告诉对方好消息，“尽管如此，我们仍然让法拉利忌惮我们”，引起了老板想继续听下去的兴趣。这才有机会进行第二段的阐述，以及用关键数据来证明自己的价值，最终说服老板。

所以从这个片段中，我们可以学习到：

（1）观点一定要明确，并且观点是沟通对象所渴望的好处。

（2）如果想让沟通对象有信心，在数据既包含好消息又包含坏消息的情况下，尽可能先说坏消息，再说好消息。

（3）并不是所有的数据都要详细阐述，强调最关键的数据来支撑观点即可。

本节内容回顾提问

1. 数据使用常见的误区有哪些？

（1）只有数据没有________；

（2）满屏的数据没有________；

（3）听众对你的数据没________。

2. 运用故事元素诠释数据有哪六种方法？

（1）写出数据背后的________；

（2）讲出关键数据背后的________；

（3）将产品________，并讲出相关的重要数据；

（4）将数据转化成________体验；

（5）把专业数据换算成________；

（6）考虑情绪曲线，如果想让最终听众对你有信心，先说______消息再说________消息。

本节作业（二选一）

1. 讲述一个数据背后的故事（时长2分钟以内）。

2. 将产品/服务拟人化，并讲出它的关键数据（时长2分钟以内）。

第四节

想销售自己和产品，这三种故事必不可少

在本节的开始，我先来聊聊我和销售这份工作的缘分。

我于2007年7月从一家美资企业辞职后，实现了我大学时期的梦想，即成为自由职业的英语同声传译员。当时我想象的自由职业的英语同声传译员的生活是：每天出席光鲜亮丽的场合，要么站在大舞台上翻译，要么坐在充满高科技感的同传箱中工作。但真正从事自由职业之后，我才发现很多时间都要做销售——要么拓展客户，要么去面试，赢得潜在客户的信任，获得工作机会。

但销售一直是我的短板。我刚辞职后，有一天去上海陆家嘴和我的朋友珍妮吃饭，她有很多市场营销的经验，我想向她请教。那天我提前到了，就在她所在办公楼内的某咖啡厅里边看书边等她。当我在等待时忽然听到旁边一个男人说："We need to find an interpreter."中文意思是：我们需要找一名同声传译员。我听到同声传译员这个英文单词就朝旁边桌子望去，原来是一个外国人和一个中国人在谈工作。我听了一下，原来他们在讨论一个会议的准备事项，其中一个事项是要找英语同声传译员。我听到后内心怦怦跳，紧张又纠结：我要不要过去跟他们打个招呼，告诉他们我就是一名英语同声传译员？他们会不会不理睬我？我在那坐立不安了几分

钟，直到那两个人都起身离开了。

这时珍妮到了，我跟她说起了刚才发生的事。她对我说："刘颖丹，你这样是不行的。你一定要努突破自己、提高销售能力。" 那件事刺激了我，我要想通过自由职业活下去，一定要好好练销售。

于是我买了一些销售的书籍，听了一些销售的课程。我还准备了一个小本子，每次见完客户都做复盘，记录下当天见客户时哪些部分做得好，哪些可以改进，我告诉自己每次都要比上次进步一点点。就这样，四年的自由职业经历让我的自我推广和销售能力有了突飞猛进的进步。

我在2010年刚接触到培训行业时，就喜欢上了培训师这个职业——同声传译员是传递价值的工作，而培训师是创造价值的职业。于是我有了新的职业目标。一年后，也就是2011年6月，我创立了言易咨询。创业后，我发现原先做自由职业积累的推广和销售经验都派上了用场，后来我进一步挖掘了自己的销售潜力，不仅帮助我的团队提升他们的销售能力，也给不同行业的销售做培训。

我自己的亲身经历让我意识到，虽然很多职场人士所从事的岗位并不是"销售"，但我们都需要具备销售的能力，因为在职场中，自我销售无处不在。所以不论你是否处在销售岗位，学习销售必备的故事，都有益于你的职业发展。

我基于自己的销售经验和培训不同行业销售人员的经验，提炼了销售必须掌握的三类故事。

一、第一类销售故事：联结故事

当我们见到潜在客户时，需要让对方了解自己，对自己有好感，愿意跟我们聊下去。这时就需要联结故事，跟潜在客户拉近距离。

联结故事包含三个方面的故事。

1. 我为什么会从事这个行业的故事

这类故事能够让客户了解你对所处行业的热情。如果你做这个行业很久了，可以讲“我为什么能在这个行业坚持这么多年”的故事，让客户了解你的经验和能力，增加你的可信度。如果你是刚转行进入这个行业，也可以分享“我为什么更热爱这个行业”的故事，让潜在客户了解到你对行业的热情。

2. 我为什么会加入这家企业的故事

如果你刚加入企业，可以跟潜在客户分享你的加入原因，让客户了解你对企业的认可，也借此让客户了解企业的优势和成绩。如果你在这家企业做了很久，你就可以分享 “我为何会在这家企业工作多年”的故事，既让客户了解企业实力，也凸显了自己的可信度。

3. 企业创立的故事

如果潜在客户不了解你的企业，你可以分享企业创立的故事，让潜在客户了解企业的愿景和使命。如果你的企业是有着悠久历史的大企业，也可以讲述企业发展历程中一个有特点的故事，如品牌创立的故事、品牌最新的一次创新故事等，让客户了解企业的既往成就或发展前景。

在与潜在客户联结的阶段，你并不需要上述三个故事都讲。根据场景、时机，选择其中一个故事讲即可。

二、第二类销售故事：卖点故事

不管作为英语同声传译员还是培训师，我都经常要被客户面试。客户通常会面试几位候选人，我需要在面试时，突出自己的优势，赢得客户的信心，让对方选择与我合作。这种场景下需要向客户讲卖点故事。

卖点故事包含两个类型：成功案例故事和产品故事。

成功案例故事就是讲你服务过哪个企业并取得好成果的故事。产品故事可以从两个方面来讲述，一种是讲产品诞生的故事，尤其是当产品新上市时。第二种是将产品的使用场景故事化，让用户对于产品的好处有切身的感受。

1. 成功案例故事

分享一个我帮助自由培训师提升免费沙龙的转化率的故事。

我就叫这位培训师小A吧。小A是位不到30岁、很有气质的女老师，大大的眼睛，是某个心理学课程的认证培训师。2015年3月，他通过朋友介绍找到我。她来到言易咨询在上海的办公室，刚坐下，就皱着眉头跟我说："颖丹，我的培训遇到了一个很大的瓶颈，你能不能帮帮我。"

原来小A一年前从企业辞职，开了一家小工作室，开自己的公开课。她做了一年，最大的瓶颈是招生。她一般会做免费的沙龙来推广自己的课程。沙龙每次差不多会来三十几个人，参加沙龙的时候，大家参与都很积极，但是最终报名公开课的只有2～3个人，转化率低于10%。她一门公开课需要十几个人开班，这就意味着要开4次左右沙龙才能招够，速度太慢了。所以她迫切地想提高免费沙龙的转化率，否则她要活不下去了。

我让她把沙龙内容简单地给我讲了一遍。我问她："你过往的学员当中，最常见的三类学员需求，你知道吗？"小A一愣，她之前没有总结过。然后她就开始列出三大常见的学员需求，我让她针对这三类需求精简一下自己的沙龙内容，并设计三个学员参加课程后改变的故事。等她设计完这三个故事后，我还让她演练了几遍以确保她可以流畅并自信地讲述。

小A那天回去的时候，跟我说："我下周三晚上就有一场沙龙，我已经迫不及待地想讲沙龙了。"

第二个周三晚上10点多，我接到小A的电话。电话那头传来小A很兴奋的声音："颖丹你猜今晚多少人报课了？"我说："你别卖关子了，赶紧说吧。""12个！今晚来了35个人，有12个报课程了！我的下一个班已经报满了。"我听到小A激动的声音，很替她开心。我也没有想到她居然这么快就把成交率从低于10%提升到了近35%。挂电话的时候，小A说："我终于明白你说的，故事是销售的必备技能。"

读完了我辅导小A的故事，你是不是好奇我是如何帮助她设计卖点故事的呢？其实上述我帮助小A的故事，就是我的一个卖点故事。你听完了这个故事，是不是已经相信我有能力帮助你设计卖点故事？如果价格不是问题的话，你会不会愿意聘请我辅导你设计卖点故事？这就是卖点故事想达到的效果。

在上一节中，我们学习了如何写成功案例，其实设计成功案例型卖点故事的思路是一样的，仍然采用5S结构，只不过这类故事需要更针对典型客户的需求。

在设计这类卖点故事前，你需要先梳理一下自己常见的客户群体有哪些，他们的特点是什么（如背景、年龄阶段、性别、常见需求等）。梳理完这些之后，你再挑出三类最常见的客户，和三类最典型的需求。然后使用故事的5S结构设计你的卖点故事。

以我帮助小A的卖点故事为例，我是运用下面这张表格来设计的（见表4-3）。

表 4-3　颖丹的卖点故事 5S 结构解析

铺垫（Setup）：典型客户，包含年龄、职业或其他背景	小 A：培训师，30 岁，女性
冲突（Struggle）：典型需求，即客户遇到你之前，正在经历什么困难 / 痛点	宣讲沙龙招生转化率低，开班困难，气馁
解决方案（Solution）：你如何帮客户解决问题	帮助她提炼三大客户需求，精简宣讲课内容，设计三大学员改变的故事
结果（Result）：在你的帮助下客户取得了什么结果	12 人报课，成交率从低于 10% 提升到近 35%
观点（Standpoint）：你想通过这个故事告诉潜在客户的你的一个卖点是	我能有效帮助客户提升讲故事的能力，从而提升沟通效果和销售成绩

你可以使用以下空白表格（见表4-4）帮你构思你的卖点故事。

表 4-4　卖点故事 5S 结构设计表

铺垫（Setup）：典型客户，包含年龄、职业或其他背景	
冲突（Struggle）：典型需求，即客户遇到你之前，正在经历什么困难 / 痛点	
解决方案（Solution）：你如何帮客户解决问题	
结果（Result）：在你的帮助下客户取得了什么结果	
观点（Standpoint）：你想通过这个故事告诉潜在客户的你的一个卖点是	

2. 产品故事

第二类卖点故事是产品故事。还记得我们之前学习故事的五感词汇时，提到的那位上海某咖啡店老板吗？他将喝咖啡的场景描绘出来，让人有身临其境的感觉这就是将产品使用场景故事化的案例。

举个例子，2020年6月20日华为手机推出了一个父亲节广告，通过一位父亲与女儿的故事场景，宣传华为手机的“路人移除”功能。故事的情节大致是这样的：

女儿从呱呱坠地到上大学，父亲用自己的爱陪着女儿成长。

女儿上大学后，开始恋爱。一次女儿的男朋友送女儿回家，父亲看到后有些不悦，感觉到热恋中的女儿与自己逐渐疏远。最后女儿大学毕业，父母都亲临现场见证这个时刻。当父亲想和女儿拍照时，女儿挥手叫来了男朋友，这时帮忙拍照的母亲按下快门，手机里的照片中显示有女儿、父亲，还有闯入镜头的男朋友。

于是，父亲偷偷地使用华为一键路人移除功能，把女儿的男朋友删除，父亲看到照片中只有自己和女儿时，开心地笑了。

这个广告前面很感人，我看得鼻子都酸了，最后看到移除路人功能时，又让我笑出了声，觉得这位父亲很可爱。这个描述产品使用场景的故事，让我对这个路人移除功能印象非常深刻。

更妙的是，这个广告还拍了番外篇，呈现了另外两种结尾，符合了不同听众的口味，又提升了故事的立意。

第二种结尾是女儿把爸爸的手机拿过来，按下了路人移除键，把男朋友移除，只剩下爸爸和女儿。第三种结尾是爸爸把照片里的自己移除了，剩下女儿和她的男朋友。

看了番外篇的两种结尾，我对这个故事有了更深的思考。尤其是最后看到父亲把自己一键移除，照片中只剩下女儿和她男朋友时，我能感受到父亲想成全女儿的爱，这是对孩子的放手，也是让孩子独立过自己想要的生活的祝福。在我们的故事课上，学员们看完这个广告后，会有很多不同角度的讨论，甚至会讨论至人生的选择层面。

不过不管听众喜欢哪种结局，这个产品的路人移除功能已经深深地印在听众脑海中了。这就是通过讲述产品使用场景的故事来有效突出产品卖点。

三、第三类销售故事：成交故事

在成交阶段，我们也可以通过讲故事让客户下定决心买单或签合约。这种成交故事就是处理客户疑虑的故事。你不妨总结一下，你的客户在成交阶段最常见的疑虑有哪些，针对这些疑虑，你可以讲一个这样的故事来打消客户的疑虑：之前某位客户也有同样的疑虑，但是还是尝试与你合作，最后获得了好的结果，并很庆幸自己的选择。

例如，我培训过的一些外企，他们的销售常遇到一类客户疑虑：你们价格怎么那么贵？对于这类疑惑你可以讲之前某客户也觉得贵，但是经你说服，客户买单并实际使用产品后发现产品质量好、有成效，所以这位客户改变了他之前的想法，觉得这个产品物有所值。

以下表格（见表4-5）可帮助你设计客户成交故事。

表 4-5　成交故事 5S 结构设计表

铺垫（Setup）：典型客户，包含年龄、职业、其他背景	
冲突（Struggle）：在成交前的客户的典型疑虑是什么	
解决方案（Solution）：你说服他购买，他如何使用了产品	
结果（Result）：客户使用产品后的结果是	
观点（Standpoint）：客户后来对于异议改变后的态度是	

分享一个我处理客户疑虑的故事来作为案例：

在2018年，我给一家美资企业的技术人员做演讲技巧培训。该企业的领导约翰因为别人推荐而找到了我，他很担心两天的培训并不能带来明显的效果，就抱着试试看的心态先采购了一次培训，让我培训他们企业在上海的员工。

约翰也参加了第二天下午的培训，并观看了员工的毕业演讲。在结课时的收获分享环节，约翰说，培训前他担心只培训两天是否真的有效果。但是大家的毕业演讲明显逻辑更清晰、重点更突出、表现更自信，很多员工与平常判若两人。他没想到员工们真的在两天内取得了这么大的变化。

后来，约翰又采购了几次这个培训，给他们企业其他城市的员工进行同样的培训。

不难看出我上述的成交故事，是想消除潜在客户对于培训效果的疑虑。在潜在客户问到培训效果时，我会举约翰的案例以提升他们对培训效果的信心。针对成交故事，我想再强调的是，一定要多总结客户的常见疑虑，设计出相应的、有针对性的成交故事才能起到效果。

本节内容回顾提问

销售必须掌握的三类故事是什么？

本节作业

从三类故事中选择一个类型，设计一个自己的销售故事（时长3分钟）。

第五节

不会写成功案例，故事思维助你信手拈来

我在2005年为一家美资企业担任客户关系代表，我所在的小团队主要负责大客户的订单处理和交货。当时我们部门设置了一个奖金为200元的成功故事奖，我们每个月都可以提交自己上个月服务客户的一个成功故事，被选中的员工在月度会议上分享，并获得200元奖金。

在2005年，200元对我这个大学刚毕业三年的人而言是很有吸引力的。所以在这个奖项宣布后的几个月，我都积极写成功故事，我在写的同时就琢磨：成功故事怎么写，能更好地展现自己的价值。我在前半年拿了三次奖，以至于拿完三次奖后我都不敢写了，怕引起同事的妒忌，破坏同事关系，于是我歇了两个月没提交故事。

没想到我的女老板凯瑟琳来找我："刘颖丹，你最近工作状态是不是不好？怎么最近你都没有提交成功故事了？"我说："之前我老得奖，我怕同事们说我。"老板说："写不写是你的事，选谁是我的事。"

老板的话让我明白，经常总结自己的成功案例，是让老板看到你工作态度和价值的大好机会。即使没有被评到奖，老板也知道我最近的工作成绩。所以我后来一直积极提交服务客户的成功故事。入职两年后，我获得了企业亚太区的高绩效员工奖和旅游奖励，带着妈妈参加了企业组织的马

来西亚游。对此，我写的成功故事功不可没。

在本节开头分享我的这段经历，是想告诉你，职场人士要会写、常写成功案例。因为我们不仅要认真做事，还要让别人知道你所做事情的价值。

当然成功案例不仅包括个人案例，还包括企业成功案例。个人在面试、见客户、做工作总结等场合需要讲自己的成功案例，而企业的成功案例则往往出现在企业的宣传册、网站等对外宣传媒介中。

我们在之前的章节中都侧重在口头表达中讲故事，本节则侧重如何写一个书面成功案例。

一、写成功案例的四大目的

1. 赢得潜在客户的信任

很多企业的宣传册、网站上都会写成功案例，潜在客户会被这些成功案例所吸引，更愿意与企业进一步洽谈。而自由职业者、专业人士（如培训师、咨询师、律师），与客户见面时也会列举自己的成功案例，以获得潜在客户的信任。

2. 展示自我价值

例如，面试或做工作汇报时，我们需要向沟通对象说明自己的能力和价值。在企业内部高层会议，由部门经理做年度总结时，也会分享部门过去一年的成功案例，以展示个人、团队的价值。

3. 传播优秀经验

在2019年1月，我辅导过一位外企中国区总裁，他要去参加美国总部举办的领导力论坛。在这个论坛上，他作为中国区代表，要做一个15分钟的演讲，介绍去年好的业务经验，以供其他大区代表借鉴。很多企业都有这种内部实践经验分享会，以促进内部共同成长。

4. 提升企业品牌形象

在2019年10月，我辅导过另一位外企中国区总裁，他需要在上海的国际进口博览会做一场演讲。他的演讲中除了介绍行业热点知识，也会介绍企业的成功案例，这是一种隐性的企业品牌形象提升方式。

二、故事结构在成功案例中的运用

不知道你还记得故事5S结构吗？对了，就是铺垫（Setup）、冲突（Struggle）、解决方案（Solution）、结果（Result）、观点（Standpoint）。

用这个思路来帮助我们写成功案例，是非常快速且有效的。在此我分享一个自己的成功案例，它包含了5S故事结构（见表4-6、图4-1）。

表 4-6　刘颖丹培训成功案例 5S 结构解析

铺垫（Setup）	项目背景中活动、目的及需求
冲突（Struggle）	需解决的问题： （1）需短时间提升参赛选手的演讲水平；（2）无演讲比赛评分标准，需导师制定；（3）预算有限，需最优化外部导师和内部培训部合作方案
解决方案（Solution）	（1）企业内部筛选＋集中培训；（2）专业评审标准制定；（3）言易咨询提供 4 位导师为进入八强的选手进行一对一辅导
结果（Result）	（1）企业价值观具像化诠释；（2）演讲整体水平提升；（3）将员工的故事拍摄成企业宣传片，提升企业形象
观点（Standpoint）	我使用了客户企业领导的一句感言作为金句，放在 PPT 正中间作为醒目的标题——我们 ×× 银行有史以来整体演讲水平最高的一次比赛

客户公司Logo

项目背景

- 活动：××银行以“责任、主动、担当”为主题的演讲比赛
- 目的：推广企业文化，传播企业价值观
- 需求：专业导师培训并担任评委：同时制定演讲比赛流程和评分标准

需解决的问题

- 短时间提升参赛选手能力
  参加比赛选手大多缺乏公众表达经验，未接受过专业培训
- 无演讲比赛评分标准，需导师制定
- 预算有限。需最优化的外部导师和内部培训部合作方案

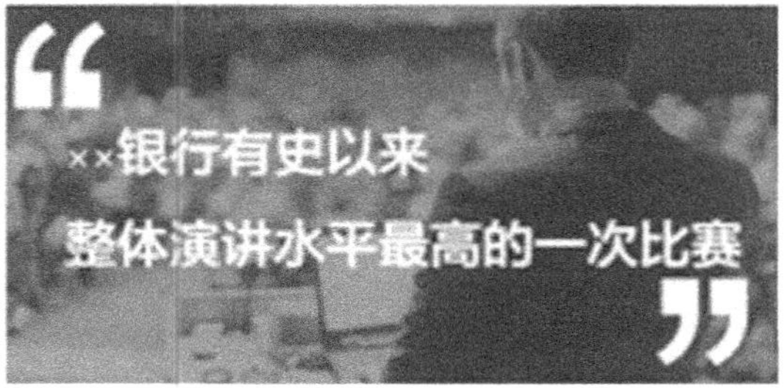

解决方案

- 企业内部筛选+集中培训
  通过演讲稿初步筛选50强，集中于××城市进行两天的现场培训；刘颖丹老师针对性培训加辅导，现场改进演讲稿及演讲呈现效果
- 专业评审及评分标准制定，激活企业内部比赛热情
  刘颖丹老师担任专业评委，制定演讲比赛评分标准，与银行领导共同担任50进24强现场评委
- 银行通过选手网络拉幕方式产生8强后，由高层4位导师为8位决赛选手进行一对一提升辅导

项目成果

- 企业价值观具像化的诠释
  通过刘颖丹老师“讲故事技巧”培训，大部分选手的演讲稿从开始的空洞转而聚焦自己工作中的真实事件，让企业价值观落地为日常行为
- 整体演讲水平提升
  公司高层在比赛现场发言感慨：“这是××银行有史以来整体演讲水平最高的一次比赛”
- 升级企业宣传片，提升公司形象
  公司高层第一次集中听到众多一线员工的精彩故事，随后决定从中选取了12位员工故事后期拍摄成短视频，制作企业宣传片，于企业内外社交媒体传播

图4-1　刘颖丹培训成功案例

关于观点，我想强调一点：成功案例的金句不是用一句话总结你做的事，而是用一句话总结这件事给他人带来的价值。

我之前看到过领英做的2019年人才趋势报告，里面也列举了一些企业在人员管理方面的成功案例。我摘抄了那份报告中两个成功案例的金句，请比较这两句话，哪一句更吸引人？

（1）××企业循序渐进公开薪酬。

（2）××企业帮助远程工作人员互联互通，降低流失率。

第一句仅仅陈述了事实，即这家企业做了什么，我们并不知道这项举措是否带来好处。第二句不仅仅说了这家企业做了什么，还讲出了好处，即降低流失率。所以通过这两句话的对比，我再次强调成功案例的金句要包含你所完成事项带来的好处。

三、写成功案例的六大要点

前面讲了如何用故事5S结构写成功案例，接下来我更深入地谈谈写成功案例的注意事项，让你的成功案例写得更好。

1. 铺垫要简洁

关于铺垫，我一直在强调“简洁”二字。铺垫太长，读者或听众很容易失去耐心。例如在成功案例中，我们简要介绍客户所处行业和规模、想达到的目的即可。

2. 冲突选择常见痛点或意料之外的困难

如果你的成功案例是为了赢得潜在客户的信任，那么你可以列举出你所服务客户的常见痛点，然后针对常见痛点，写相应的成功案例。这样就能吸引有类似痛点的客户。

如果你的成功案例是为了在工作汇报中展示，那么你写自己所遇到的困难时，不要花很多笔墨描述自己加班多辛苦，因为大部分情况下老板比你更辛苦，强调辛苦并不能突出你的价值。写一些意料之外的困难，才更容易吸引别人阅读或聆听。读者或听众会好奇你是如何解决困难的，而你在下一个阶段提到的解决方案就会让他们感受到你的价值。如在本章第二节我提过罗振宇讲的嘉兴图书馆案例，他讲的就是意料之外的困难。

3. 解决方案体现个人或企业的某种特质和价值

在写或讲你如何解决问题时，不仅可以列举出你采取的有效行动，还可以突出个人特质和价值。例如，我在作为客户关系代表写客户服务成功案例时，会特意强调积极主动、愿意灵活变通处理客户的问题等，这些是我们企业特别强调的品质，能说明我在践行企业的价值观。如果是企业成功案例，则要让潜在客户记住这家企业的独特之处。

4. 结果体现共赢，定量/定性皆可

结果必须是共赢的，才能成为既被客户认可也被企业认可的成功案例。比如，我是客户关系代表，如果我服务客户的结果让客户很满意，但是以让企业有诸多损失为代价，我的上级未必会认可我的做法。

如果结果能有数据的支撑，会显得更有理有据。但如果实在没有定量的结果，也可以写一些定性的结果，如他人的评价、客户的感谢等。

在写定量的结果方面，我有一点要再次提醒，不能只写出数据，还要让读者或听众知道这个数据是好的数据。比如，我前面提到的领英人才趋势报告，里面有一个成功案例的结果是这样写的：

××企业人员流动情况迅速减少，在一年内员工流失率下降5%。在最近的一次员工调查，××企业的核心员工中80%表示自己对工作感到满意。

这个结果中有两个数据，你觉得这些数据是好数据吗？在我看来，第一个数据“下降5%”是个好数据。但是对于第二个数据“80%”，在我心目中觉得有点低。核心员工的工作满意度的到底有多少才是好数据？不同的读者有不同的标准。所以这个数据最好换成纵向对比的数据，如“核心员工满意度比去年提升了10%”，这才能说明今年比以前有进步。

5. 观点使用好处类金句

我在本章第一节中讲了两类金句：好处类和态度类。在写成功案例时，我推荐使用好处类的金句。因为成功案例的目的是吸引潜在客户、说明自身价值、传播经验或提升品牌形象，好处类的金句更能帮助你达到这些目的。

6. 开始行动！

不要担心你写出来的成功案例不够吸引人，开始行动总比没写强。写出来的第一稿不够有吸引力也没关系，好文章、好故事都是改出来的，成功案例也是如此。

告诉你一个秘密，我前面分享的为某银行演讲比赛提供培训和辅导的成功案例（见图4-1），其实是我的第三稿。我故事课上的姜姜同学帮我改善了版面排版，并且改成了“要点+解释”的形式以突出重点。然后我在她的基础上，再微调了一些内容。

所以我很庆幸我写出了这个成功案例的第一稿，才有学员帮我修改，才有现在的版本。

本节内容回顾提问

1. 写成功案例有哪四大目的？

赢得______的信任；展示自我______；传播______；提升企业______。

2. 写成功案例的六大要点包含：

（1）铺垫要______；

（2）冲突选择______或意料之外的困难；

（3）解决方案体现个人或企业的某种______；

（4）结果体现______，定量/定性皆可；

（5）观点使用______金句；

（6）______行动！

本节作业

1. 在纸或PPT上画出你的一个成功案例。

2. 讲述你的一个成功案例（时长3分钟）。

第六节

创业者故事三部曲，俘获投资人和客户的心

在2019年底，我辅导了一位创业者的路演，他叫陈总，四十岁左右，技术背景出身。

我请陈总介绍他要面对的听众以及想实现的目标，他一口气讲了四十几分钟，都是他这个行业的市场及技术发展。他说因为面对的投资人对自己的行业不太了解，所以他需要从宏观到微观全面介绍他的创业理念和故事。

我在白板上记录下他讲的关键点，然后写下两个问题："为什么要投这个行业？""为什么要投我？"我问："你是不是想向投资人讲清楚这两个问题？"

他说是。于是我们基于这两个问题梳理他的创业者故事，理清重点后只需要花五分钟，就讲清楚了他花了四十几分钟跟我讲的内容。

最后，陈总感慨说："这样沟通高效多了！打磨好创业者的故事真的可以事半功倍。"

创业者到底要讲什么样的故事，以及该如何讲呢？我结合了西蒙·斯涅克（Simon Sinek）的黄金圈（Golden Circle）理论，以及我辅导创业者

做路演、接受采访的经验，总结出创业者故事三部曲，即Why、How、What三种故事。

西蒙·斯涅克曾于2014年3月在TED Talks做了一个题为“伟大的领袖如何激励人”的演讲，在演讲中他指出人们基本都知道自己的工作是什么，即What，大部分人知道如何提供服务或提供何种产品，即How，但鲜有人知道为何要从事这份职业，企业存在的目的是什么，即Why。他通过研究发现：伟大的领袖通常会先传播自己的Why，即通过自己的使命和信念去吸引人追随；优秀的企业营销宣传也总是从Why开始，再谈How，最后谈What。

我们的创业者也是如此，设计故事时也要从Why到How再到What。

创业者故事三部曲中的第一部就是关于Why的故事，即创业初心故事。在创业初期，创业者要去宣扬自己的初心，通过自己的使命和目的去吸引投资人和用户。

第二部是关于How的故事，即战胜挑战的故事。例如，创业者如何战胜挑战，创造了产品，克服了什么困难，找到了首批用户等等。

第三部是关于What的故事，即产品或企业价值的故事。包括产品给用户带来的价值、企业给投资人带来的价值。

三部曲之一：创业初心故事（Why）

创业者面对大众和面对投资人时，初心故事的侧重点会有所不同。

面对大众时，创业者的初心故事是更凸显个人情怀、偏情感驱动的激励型故事，因为激励型的个人故事会激发大众的情感共鸣，促使更多人因为想支持创始人的梦想、支持创始人所展现的价值观而成为用户。

面对投资人时，创业者在初心故事中要强调自己想解决什么问题，以及这个问题的市场前景，并加入数据的支持。

1. 面对大众的初心故事

我设计了几个故事表来帮助创业者梳理自己的故事。表4-7可用来帮助创业者设计面对大众所讲述的初心故事。

有一点想特别说明的是，在本节的故事表中，我增加了一栏“改变的触发器”，这一点在第二章第二节“故事的逻辑线”中已经提过，它指的是促使主角改变的外力或内力因素。在之前的故事表中我没有把这一点单独列出，是因为在很多商务型的故事中，这一点被弱化了。但是本节讲的是创业初心故事，这是一种激励型的故事，讲出改变的触发器有助于听众理解主角的改变动机，让故事更有说服力。

表 4-7　面对大众的创业初心故事 5S 结构解析

铺垫（Setup）：你小时候 / 年轻时的一个目标 / 梦想	
冲突（Struggle）：遇到了什么阻力而退缩？	
改变的触发器（Trigger）：是什么促使你改变？	
解决方案（Solution）：你如何开始了追梦 / 创业？	
结果（Result）： 到目前为止取得了什么结果？ / 你期待未来会取得什么结果？	
观点（Standpoint）：用一句话总结你的使命 / 价值观 / 观点	

2014年12月13日，陈安妮在微博上发布了名为《对不起，我只过1%的生活》的连环漫画，这是一个非常成功地通过创业初心故事吸引庞大用户的案例。这则漫画在发布当天，微博阅读量超6000万次，转发超45万次，陈安妮创立的“快看漫画”APP获得了超过30万的下载用户。

陈安妮在这则连环漫画里串联了三个故事，每个故事之间有递进的关系。从情绪线来看，是三次先苦后甜情绪线的叠加。每一个故事都呼应她的金句“对不起，我只过1%的生活”。

这三个故事中，第一个故事和第三个故事都属于初心故事，即关于Why的故事。第一个故事讲她为什么想画画。第三个故事讲她为什么想做快看漫画APP。第二个故事是关于How的故事，即她克服了哪些创业中的困难。

如果你想看完整漫画，可自行去网络搜索。在此我用5S结构来解析一下她第一个和第三个故事（见表4-8、表4-9）。

表 4-8　陈安妮为什么画画故事 5S 结构解析

铺垫（Setup）：你小时候 / 年轻时的一个目标 / 梦想	2002 年，陈安妮 10 岁，喜欢画画
冲突（Struggle）：遇到了什么阻力而退缩？	身边无人支持，家境不好，妈妈生病。 所有人都对她说：“你成为漫画家的概率只有 1%。”
改变的触发器（Trigger）：是什么促使你改变？	父亲出车祸，家里断了经济来源。此时有人找到她，说兼职画一幅漫画能给 30 块钱
解决方案（Solution）：你如何开始了追梦 / 创业？	她跟同学借了 500 块钱，买了一块电脑作画的数位板，开始大量画兼职稿，同时发表原创漫画到网上
结果（Result）： 到目前为止取得了什么结果？ / 你期待未来会取得什么结果？	2013 年她拥有了几百万粉丝。2013 年出了一本畅销绘本，获得了全国最权威的中国动漫金龙奖。2013 年，陈安妮 20 岁，靠稿费支撑了这个家、父母和还在读书的妹妹
观点（Standpoint）：用一句话总结你的使命 / 价值观 / 观点	我的梦想曾经破碎得只剩下 1% 的微茫。但它被我抓住了，真好

表 4-9　陈安妮为什么做快看漫画 APP 故事 5S 结构解析

铺垫（Setup）：你有了一个什么目标 / 梦想？	很多画漫画的朋友，因为很少被人知道，过得很差。陈安妮萌生了“做一个好玩的 APP”的想法。想通过 APP，让那些真正好的作品被大家看到
冲突（Struggle）：遇到了什么阻力而退缩？	对陈安妮的计划，没人愿意投资。而做 APP 需要一大笔钱，并且短时间不会有任何收入
改变的触发器（Trigger）：是什么促使你改变？	一天，站在雨中，她忽然做了一个决定，把自己和朋友所有的积蓄都拿了出来
解决方案（Solution）：你如何开始了追梦 / 创业？	历时三个月，陈安妮和团队投入了 99% 的精力、时间和金钱，连续通宵达旦地挑灯夜战。最辛苦的时候，三天没洗澡没睡觉
结果（Result）： 到目前为止取得了什么结果？ / 你期待未来会取得什么结果？	2014 年 12 月，快看漫画 APP 上线了。期待“愿意过 1% 生活的人”搜索下载 APP，支持他们
观点（Standpoint）：用一句话总结你的使命 / 价值观	当你的梦想还有 1% 的光芒时，请马上，立即，捡起它

2. 面对投资人的初心故事

如我前文所说，面对投资人讲述的创业初心故事的侧重点略有不同，所以相应的故事表也不同（见表4-10）。

表 4-10　面对投资人的创业初心故事 5S 结构解析

铺垫（Setup）：你何时何地看到了什么现状？	
冲突（Struggle）：你发现了这种现状背后的问题（社会问题、市场问题、消费者某个未被满足的需求等），以及这个问题的重要性（正、反两方面都可谈）	
改变的触发器（Trigger）：你受到了什么启发 / 有了什么灵感？	
解决方案（Solution）：你如何开始了创业以解决这个问题？	
结果（Result）：你已经取得了什么成果？ / 创业者期待未来取得什么成果？	
观点（Standpoint）：用一句话总结你的使命 / 价值观	

我曾辅导莎弗尼品牌创始人魏海滨的路演，她讲的创业初心故事是她演讲中的第一部分，即为什么要创立这个品牌。她的故事内容如下：

大家好，我是魏海滨，就是海滨城市的海滨，我出生在一个海滨城市，大连。小的时候我们家就住在海边，我经常赤脚到铺满柔软细沙的沙滩上去玩。但中学的时候，我就不愿意去海边了，因为看到的都是海里的白色垃圾、玻璃瓶。环境的变差导致我们家放弃了令人羡慕的海景房，搬到了市区。

大学毕业后我在化妆品和个人洗护行业工作了十来年，看到这个行业光鲜亮丽的外表之下，更多的是不环保，对环境产生了很多负面影响。例如，化妆品和个人洗护行业每年要用到1200亿个塑料瓶，大部分是不可回收的，需要1000年的降解时间。此外，我们每生产一瓶1公斤的液体洗护产品，要消耗6.5公斤左右的水。但我们洗澡的时候本身就有水，在生产液体洗护产品中消耗的水都是浪费。而专家预计到2025年地球上将有30亿人会面临缺水，40多个国家都会有严重的淡水不足。

另一方面我们看到了个人洗护行业在中国市场增长迅猛：去年总市场价值为110亿元，其中洗浴和洗发产品市场价值增长率为88%，其中香皂类产品的增长率为288%，占洗浴类产品29%的市场份额。

所以当我和同样在这个行业工作多年的小伙伴们一起打算创业时，我们一致决定要做一个真正“环保”的个人洗护品牌，于是我们就创立了SAFONE莎弗尼固体个人洗护品牌。我们研发了天然温和的皂类洗护产品，并且保证在整个生产到包装过程都不用水、不用塑料，消费者用完整个产品之后，可以连一点废渣都不剩。

我们的产品在2020年“520”，即5月20日上市了。我们希望通过努力，让更多的消费者通过使用一块香皂来拯救我们的地球。

我用5S结构来解析魏海滨的创业初心故事（见表4-11）。

表 4-11　魏海滨创业初心故事 5S 结构解析

铺垫（Setup）：你何时何地看到了什么现状？	魏海滨出生在大连，小时候喜欢去海边，中学开始看到了环境变差
冲突（Struggle）：你发现了这种现状背后所反映的问题（社会问题、市场问题、消费者某个未被满足的需求等），以及这个问题的重要性（正反两方面都可谈）	反面：在化妆品行业工作十来年，发现了这个光鲜亮丽的行业带给环境很多负面的影响，例如，使用大量塑料，水浪费等。专家预计到2025 年地球上将有 30 亿人会面临缺水 正面：个人洗护市场巨大，增长迅速
改变的触发器（Trigger）：你受到了什么启发 / 有了什么灵感？	她和同样在这个行业工作多年的小伙伴们一起打算创业时，一致决定要做一个真正“环保”的个人洗护品牌
解决方案（Solution）：你如何开始了创业以解决这个问题？	创立了 SAFONE 莎弗尼固体个人洗护品牌。研发了天然温和的皂类洗护产品，并且保证在整个生产过程到包装都不用水，不用塑料，消费者用完整个产品之后，可以连一个废渣都不剩
结果（Result）：你已经取得了什么成果？ / 创业者期待未来取得什么成果？	产品在 2020 年 5 月 20 日上市了
观点（Standpoint）：用一句话总结你的使命 / 价值观	让消费者通过使用一块香皂来拯救我们的地球

通过这两个案例以及解析，我相信你了解了如何使用5S结构来设计你的创业初心故事。

三部曲之二：创业者战胜挑战故事（How）

你可以使用以下表格（见表4-12）来设计创业者战胜挑战故事。

表 4-12　创业者战胜挑战故事 5S 结构解析

铺垫（Setup）：你有了什么目标？	
冲突（Struggle）：创业过程中遇到了什么阻力？	

续表

改变的触发器（Trigger）：是什么促使你改变？	
解决方案（Solution）：你如何战胜了创业中的困难？	
结果（Result）： 到目前为止取得了什么结果？	
观点（Standpoint）：用一句话总结你的使命 / 价值观 / 感悟 / 成就	

我们继续来看陈安妮和魏海滨的案例。陈安妮《对不起，我只过1%的生活》漫画中第二个故事就是如何克服创业困难的故事。让我们一起来看看这个故事的结构（见表4-13）。

表 4-13　陈安妮战胜挑战故事 5S 结构解析

铺垫（Setup）：你有了什么目标？	2014 年 4 月，还没毕业的陈安妮决定，开一家动漫企业
冲突（Struggle）：创业过程中遇到了什么阻力？	网上的信息以及拜访的前辈都说：你能存活下去的概率甚至低于 1% 由于缺乏管理经验和充足的运转资金，企业一度濒临破产。交不起房租，发不起工资。白天在团队面前装坚强，自己晚上默默流泪
改变的触发器（Trigger）：是什么促使你改变？	好搭档说她不会离开。那一刻她发现她不是一个人在奋斗，她背负的是整个团队的期望和理想
解决方案（Solution）：你如何战胜了创业中的困难？	她抛弃了那个懦弱的自己。技能学习、时间管理、高效率执行，这个全是“90 后”的团队，开始进入了高速进步的轨道
结果（Result）：到目前为止取得了什么结果？	2014 年 10 月，工作室进入了硕果丰收的秋天，做出了很多让太多人惊讶的成绩
观点（Standpoint）：用一句话总结你的使命 / 价值观 / 感悟 / 成就	第二个 1% 我们笑着实现了

魏海滨在路演中并没有谈创业的艰辛。谈创业艰辛的故事适合面向普

通大众，因为激励型故事会吸引大众的支持。而在面对投资人的演讲中，无需大谈创业的艰辛，因为投资人不会因为同情而投资，他们是因为看中你产品的独特性、市场前景和你的能力而投资你。所以面向投资人的演讲，你可以谈创业过程中产品如何诞生、如何获得用户或如何扩展业务的故事等。魏海滨就在她的演讲中分享了第一个爆款产品如何诞生的故事：

莎弗尼创立之初，我们研发出了天然安全且有效的固体皂之后，遇到了一个难题：第一个爆款的产品应该是什么形状呢？我们开了很多次会，做了很多次头脑风暴。有的说三角形，有的说方形，还有的说猫爪型，大家谁也说服不了谁，开了很多次会都没有结果。我也是非常的焦虑，到底第一个产品应该用什么样的形状呢？在有一次会上，我和大家说：我们已经讨论了两个月了，鸡都不知道下了多少次蛋了。今天我这只老母鸡就决定，我们下一个蛋——我们就用蛋的形状。大家讨论了一下，觉得很好。因为蛋在中西方文化中都有着美好的寓意：在西方，蛋是圣诞节、复活节的礼物；在中国生了孩子送喜蛋，端午节蛋也是重要的食品。这样我们就使用了蛋的形状作为第一个产品的形状，蛋形皂推向市场后备受欢迎，变成了我们的第一个爆款产品。我也因此被大家笑称为“蛋蛋皂之母”。

让我用5S结构来分析一下这个故事（见表4-14）。

表 4-14 魏海滨战胜挑战故事 5S 结构解析

铺垫（Setup）：你有了什么目标?	莎弗尼成立之初，设计第一款产品
冲突（Struggle）：创业过程中遇到了什么阻力?	到底要选用什么形状，大家意见不一，讨论了两个月都没有定论
改变的触发器（Trigger）：是什么促使你改变?	想到母鸡下蛋，两个月不知下了多少蛋
解决方案（Solution）：你如何战胜了创业中的困难?	决定采用蛋的形状。获得了大家的支持。蛋与中西方的节日都有关系

续表

结果（Result）：到目前为止取得了什么结果？	蛋形皂推向市场后备受欢迎。魏海滨被称为“蛋蛋皂之母”
观点（Standpoint）：用一句话总结你的使命 / 价值观 / 感悟 / 成就	蛋形皂变成了爆款产品

看完了两个战胜挑战的故事分析，欢迎你使用表4-12试着设计一个创业中战胜挑战的故事。如果你本人并不创业，你也可以搜集一位创始人的资料，讲述一个他人创业战胜挑战的故事。

三部曲之三：企业/产品价值故事（What）

创业者可以通过这一类型的故事讲出自己产品或服务的价值。企业的价值包含两个方面，一方面是财务方面的价值，即企业的业绩、未来增长趋势、潜在市场规模等。另一方面是给用户和社会的贡献，如改善了用户的生活、解决了某种社会问题等。

除了初创企业，成熟企业的路演也需要讲价值故事。如苹果、华为、小米等企业每年的新品发布会，除了会用数据告诉大众他们已经取得了哪些成绩，还会把服务客户的故事拍摄成短视频来说明他们的产品给客户带去了哪些积极的改变，借此展现企业的价值。

还记得我在本书第二章第二节中，讲述了一位残疾人女画家通过淘宝开店改变生活的故事吗？这就是企业通过讲述客户的故事来展现自身价值的优秀案例。

在实际的沟通情景中，创业者并不一定要将Why、How、What三类故事一次性讲完，可根据场合、对象和时长，选择部分内容。虽然西蒙·斯涅克在他的演讲中提到伟大的企业沟通，是由Why，到How，再到What的，这指的是企业对外的整体沟通策略。但我们在具体的沟通场合，也要具体问题具体分析。例如，创业者在只有几分钟的短路演中，创业初心（Why）和战胜挑战（How）的部分可更精练，侧重在产品/企业价值（What）的部分，即我们可以为用户带来什么，为投资人带来什么。因为投资人需要这些信息来判断是否投资。

但如果创业者要进行长时间的路演，或面对公众的演讲、媒体采访等，就可以多花点时间讲创业初心和战胜挑战的故事，因为创始人的个人经历更能引起共鸣，更能牵动大众的心。

本节内容回顾提问

1. 创业者的故事三部曲包括：

（1）创业者关于Why的故事即________故事；

（2）创业者关于How的故事即________故事；

（3）创业者关于What的故事即________故事。

本节作业

1. 使用表4-7或表4-10设计一个自己或他人的创业初心故事并讲述（时长3分钟）。

2. 使用表4-12设计一个自己或他人创业战胜挑战的故事并讲述（时长3分钟）。

第七节

领导者必备三种故事，让员工真心追随你

领导者需要讲这三类故事：自己的故事、员工的故事、企业的故事。我在本书第一章第一节中写过一个创业者请我辅导年会演讲的故事。当时他的演讲很成功，年会后员工的离职率降低。这就是一个说明领导者讲好员工和企业故事的重要性的好案例。

一、领导者自己的故事

领导者要讲的第一类故事就是自己的故事，包括个人成功或失败的故事，以展现个人价值观、个人品质或态度等。

我想为你分享Facebook公司首席运营官雪莉·桑德伯格（Sheryl Sandberg）讲的两个故事。一个是他人的故事，一个是她自己的故事，这两个故事都源自她在清华大学经济管理学院2015年毕业典礼上的演讲。

从自己老板那里获得反馈很重要，但是从自己的下属那里获得反馈也同样至关重要。这绝非易事，因为员工总是太过于渴望去取悦他们的上司，而不去批评和质疑他们的上司。

我最喜欢的一个案例来自华尔街。1990年鲍勃·鲁宾成为高盛公司的首席执行官。上任满一周，在查看企业账目时，他发现有一大笔在黄金上

的投资。他问“为什么会投资黄金？”结果答案是“因为您”，他迷惑了。原来是因为他在前一天在交易所视察时，曾经说过一句话：“黄金看起来有点意思。”结果这句话就被传成了鲁宾喜欢黄金，然后就有人花了几百万美元来讨老板的欢心。

我也遇到过类似的挑战，当然比这件事的影响要小很多。我刚加入Facebook时，我的职责之一是建立企业的商业运作模式。但与此同时，还不能破坏成就Facebook的那种工程技术驱动的文化。当时我尝试做一件事，就是鼓励人们在和我开会时不要做正式的PPT。最开始我讲得很客气，结果所有人都无视我的要求。每次和我开会时，仍然在做PPT。大概过了两年吧，我就跟员工说，我通常不喜欢定规矩，但我现在必须定个规矩，和我开会时，谁也不能再做PPT。

大约一个月后，当我正要对我们的全球销售团队讲话时，一个员工对我说：“在你上台之前，有件事你应该知道，大家对你定的和客户会面时不做PPT的规定很有意见。”

我说：“谁说不让给客户做PPT？”

“他们说是你。”

所以我上台时就说：“我从没有要求你们跟客户见面时不要做PPT，我只是不希望你们在和我开会的时候用PPT，下次你们再听到坏点子，请大声讲出来，即使是对我，一定要告诉我，是我错了。”

一个好的领导者知道大部分雇员不愿意挑战权威。所以领导者就有义务主动要求反馈。我从PPT事件吸取了教训。我现在经常问我的员工，有哪些地方我还能做得更好。我总是对那些敢于对我说实话的人心怀感激，并且当众表扬他们，告诉大家，我很感激他们能给我反馈。我深信，只有你和你的员工并肩作战，只有当你不仅指挥而且也聆听时，你才能成为最好的领导。

我们来看看上面两个故事的5S结构。

雪莉在故事开始前讲出观点：领导者从自己的属下那里获得反馈也同样至关重要。然后通过正反两个事例来佐证自己的观点。

第一个事例是失败案例。这个失败案例采用的是倒叙方式。先说结果，鲍勃·鲁宾查看企业账目时发现了大笔黄金的投资。然后再说事件的冲突是老板在视察交易所时说了一句“黄金看起来有点意思”，而某些下属的解决方案就是花了几百万来取悦老板。这个故事非常简短，且它的冲突并不是典型的冲突，只是老板无心说的一句话，但这个故事的结果足以引起听众的重视。

雪莉的第二个事例内容更丰富。我使用5S结构来解析她这个故事（见表4-15）。

表 4-15　雪莉领导者故事 5S 结构解析

铺垫（Setup）	雪莉从鼓励下属和自己开会不要使用 PPT，到变成一个强制规定
冲突（Struggle）	这个规定被传成了大家与客户开会时也不能用 PPT。有员工告诉雪莉，大家都不喜欢她这个规定
解决方案（Solution）	在面对销售团队讲话时雪莉向大家道歉，告诉大家如果觉得某个点子不好，请指出
结果（Result）	雪莉因此改变了，她更主动询问员工的反馈，并为之表示感谢
观点（Standpoint）	只有当你不仅指挥而且也聆听时，你才能成为最好的领导

雪莉通过正反两个事例，向清华大学经济管理学院的毕业生传递了自己对于领导力的领悟。我观看了她的演讲视频，也被她所影响，变得更积极地寻求他人的反馈。所以领导者自己的故事是很容易打动和影响他人的。如果你也是一位领导者，可以思考你作为领导者想传播的价值观或观

点是什么，再选取自身能体现这些的故事素材。

不过领导者讲故事，有另外一个极端要避免，就是不知道及时停。我在2020年夏天给一家企业的中层管理人员上领导力的课程，他们的人力资源部门特意邀请了集团的一位副总裁过来做半小时分享。这位集团的副总裁非常喜欢讲故事，原本给他安排了半个小时，结果他讲了近两个小时。在前二十分钟，大家听得非常认真，到五十几分钟时，我就观察到听众开始变得沉默，一个多小时后有一些听众偷偷地开始用手机，我明显感到有些冷场。在这种情况下那位副总裁仍然还继续讲了近半小时。等最后分享结束时大家看上去已经非常疲惫了。

我分享上面这个事例是想说，讲故事不能光自己兴致高，还要留意听众的反应和能量。我们讲完故事之后，如果听众的状态是感动、恍然大悟、备受鼓舞等，听众带着这种能量离开现场，就更有可能产生改变。如果听完了讲述者长篇累牍的故事，听众的状态是疲倦、低迷的话，讲述者讲再多也是徒劳。

二、员工的故事

第二类领导者要讲的故事是员工的故事，包括员工的成功故事和失败故事。领导者讲员工的成功故事，可以让这位员工好的做法被更多人学习，也能让所有员工知晓企业所推崇的价值观，对员工本人来说也是一种激励。

在本章第三节中，我提到过曾经为某银行的演讲比赛担任辅导老师。我为这家银行的50强选手进行了演讲技巧的培训，并且和银行的领导们一起担任50进24的评委。他们那次演讲比赛的主题是：责任、主动、担当。50强比赛的选手在培训中学习了讲故事技巧后，把自己的一些工作经历设计成故事在比赛中讲述。

当天演讲比赛之后，他们都被彼此的故事感动了，在场担任评委的领导们也说，他们真的很难得听到一线员工们这么鲜活生动的故事。其中一位领导提议，后续要好好传播这些员工的故事。所以这家银行的人力资源部门在比赛结束后，把选手的故事拍成短视频，在企业内网和公众号上发布。这是一种让企业价值观具象化的好做法。因为企业的价值观对于一线员工来说，往往只是书面上的词汇而已，但是当他们看到其他同事的故事时，就明白了什么叫主动、什么叫责任、什么叫担当。

领导者讲员工故事还有一种目的是让大众看到企业的价值，企业通过给予员工工作机会和成长机会，改变了他们的生活。

举个例子，雷军在小米十周年的演讲中讲述了这样一位员工的故事：

这一位是我们小米印度产线上的员工，叫艾莉雅娜。几年前她的丈夫去世了，她一个人要养活三个孩子。对她来说生活极为困难。两三年前，她好不容易获得了我们印尼工厂的工作。她高兴极了，因为有了这份工作，她三个孩子才有机会吃得饱饭上得了学。而且有了这份工作后，她认识了新的朋友，开阔了眼界，她在村子里的地位也得到了很大的提高。我们在印尼的产线上，90%都是女性。我特别特别自豪的是，小米的事业改变了很多人的命运。

雷军就是通过讲述这位印尼女员工的故事，来说明小米公司的价值——“改变了很多人的命运”。故事虽短，但5S俱全。我们来看看这个故事的结构（见表4-16）。

除了员工的成功故事，领导者也可能会通过讲员工的失败案例，让员工避免犯同样的错误。例如，企业的合规部门，会需要讲员工的失败案例给人以警示。

表 4-16　小米员工的故事 5S 结构解析

铺垫（Setup）	艾莉雅娜是小米印度产线上的员工
冲突（Struggle）	丈夫去世，她一个人要养活三个孩子，生活极为困难
解决方案（Solution）	她获得了小米印尼工厂的工作
结果（Result）	不仅孩子有饭吃，能上学，艾莉雅娜在村里的社会地位也得到了提高
观点（Standpoint）	小米的事业改变了很多人的命运

还有一些团队在会议上鼓励成员分享成功案例以及失败案例，成功案例让彼此学习好的做法，失败案例则可以让大家避免踩同样的坑，目的是提高整个团队的工作效率和成果。

在讲员工的故事时有一点要注意，要搞清楚谁是故事的主角。

如果讲某位员工服务客户的故事，那么客户是主角。故事的大致结构是：企业有一位什么样的客户，客户当时正面临什么困难，该员工如何为客户解决了问题，客户的工作或生活获得了哪些好的改变，最后客户如何夸赞了这位员工。

如果讲员工在企业成长的故事，那么员工是主角。故事的大致结构是：员工入职前是怎么样的，经历了什么困难或迷茫，解决方案是加入了企业，在企业有了什么成长，最后取得了什么好的结果。

三、企业的故事

领导者要讲的第三类故事就是关于企业的故事。企业的故事包括品牌故事、企业的成功案例和企业愿景故事。

品牌故事就指企业在创立和发展历程中有意义的事件，反映了企业的理念和价值。

对于初创企业来说，品牌故事往往就是创始人为何创立企业的故事。在上一节中我已经列举了两个创业初心故事案例。还有的企业直接把创始人跌宕起伏的人生作为品牌故事来讲，以创始人的个人品质来吸引用户，例如，褚橙的故事，就是因为创始人褚时健传奇般的人生经历而得到广泛传播。褚橙也代表了一种在失败后重新站起来的精神，人们因为认可这种品质，而愿意购买产品。

对于已经发展了一段时间的企业来说，品牌故事还包括企业的发展历程中比较重要的事件。例如，小米的创始人雷军在小米十周年活动中，用了十几个故事来回顾小米的发展。

企业的成功案例故事，目的是向潜在客户证明自己的能力和价值。本章第五节专门讲过如何用故事的5S结构来写成功案例故事，这里不再列举案例。

企业的愿景故事就是描绘企业未来的样子，让听上去远大的目标变得更有画面感。愿景故事可以是包含5S的完整故事，也可以仅仅是关于未来的名场面，即5S中解决方案阶段的名场面。建议使用五感词汇来描绘这个理想的未来画面，激励员工加入并一起去实现企业的愿景，并吸引用户成为品牌的忠实拥护者。

本节内容回顾提问

领导者常讲的三类故事是什么？

本节作业（三选一）

1. 讲述展现自己价值观/人生态度的故事。

2. 讲述一位员工的故事。

3. 讲述企业/个人的愿景故事。

好的演绎助你将故事送达人心

第五章

第一节
与紧张做朋友，跨出享受舞台的第一步

一、紧张是好事还是坏事

在本节的开始，我想问你一个问题——你认为紧张是一件好事还是一件坏事？为什么？

我故事课上的大部分学员都认为紧张是一件坏事，因为紧张会导致大脑断片、手发抖、说话语无伦次等。少部分学员认为这是好事，因为紧张会让他们的注意力更集中。还有的学员说看紧张的程度。

不管你目前的观点如何，假设你在参加一场辩论，你拿到的辩题是“紧张是一件好事”，你一定要为这个观点辩护，你会说什么？在我的课堂上，我常常邀请学员们为这个观点辩护。

结果大家说了很多紧张是好事的理由，如“紧张是一种很正常的生理和心理反应”“这说明我们在乎这次表达”“我们紧张是因为我们对自己有期待”“紧张会提升我们的专注度”，甚至还想出了他们之前没想到过的好处，如“紧张会转化成兴奋，让我们在台上更有能量”等。辩论完了之后，学员们发现对他们紧张的接纳度高了很多。

其实我是受到斯坦福大学的心理学教授凯利·麦格尼格尔（Kelly

McGonigal）的启发，才设计了这个游戏。凯利·麦格尼格尔2013年在TED Talks做了一个题为“如何与压力做朋友”的演讲。她在演讲的开始提到了一个研究，她追踪了30000名美国人8年，该研究的结果显示：在一年内经历了重大压力的人的死亡风险增加了43%，但这只针对相信压力对健康有害的人。那些经历了重大压力但是并不认为压力对身体有害的人，他们的死亡风险跟那些经历较小压力的人没有什么区别。所以这个研究的结论是，造成死亡率提升的不是压力本身，而是相信压力对健康有害的信念。

我由此联想到，我们对紧张的态度也决定了紧张会不会真的对我们的演讲和表达造成影响。如果你觉得紧张是一件坏事，你会排斥紧张。一旦觉察到自己的紧张后，就跟自己说：“糟了，我很紧张，怎么办？”你甚至会反复对自己说：“千万不要紧张，千万不要因为紧张而忘词或说错。”结果你更加紧张，导致忘词、说错。

如果你接纳紧张、觉得它是一件好事的话，当紧张来临时，你可以告诉自己紧张的好处：“紧张是很正常的。紧张说明我重视这个舞台，是我对现场听众的尊重。紧张让我更专注。开场表达几分钟后，紧张会转化成兴奋，让我的表达更有感染力。” 当你接纳甚至欢迎紧张的时候，你就能更好地将紧张转化成兴奋。

我做演讲和培训十几年了，在很多场合都不再紧张。但是遇到一些场合让我紧张时，我会非常开心，因为这说明我又在挑战自己不熟悉的领域，我又将有新的突破。所以我很渴望和珍惜这种让我紧张的场合。

例如，2020年初新冠病毒肺炎疫情来临，原定的线下课程都被取消。我开始尝试做线上视频直播课，我记得第一次直播时，有三千多人报名参加。因为直播看不到听众的反应，开场前我很紧张，心跳加速、手心冒汗、腿有些轻飘飘。我一边活动肢体、放松自己，一边对自己说：

"紧张，我亲爱的朋友，欢迎你。你会让我在直播时更有能量，更有感染力。"果然，开场两分钟后，我就进入到专注且有些兴奋的状态，甚至在直播时还有一些奇思妙语，最后顺利地完成直播。这就是因为我把紧张当作我的朋友，而不是敌人。

二、与紧张做朋友的六种方式

我想邀请你尝试下面的方法，把紧张当作朋友。

1. 把紧张转化成准备的动力

如果在表达的前几天你就有了紧张感，那你可以把紧张转化成准备的动力。例如，如果你担心听众觉得内容无聊，那你可以提前了解听众的需要；如果你害怕现场出状况，那你可以提前达到现场，熟悉场地并测试设备；如果你怕自己因为紧张而忘词，那就多彩排几遍，或者邀请朋友或同事做听众来试听，甚至可以聘请演讲教练帮助你进行内容打磨和彩排，以保证现场的效果。

2. 接纳自己的错误、别人的反应

要与紧张做朋友，心态很重要。即使你准备得很充分，你仍可能会遗漏内容、出现口误。这时就要接纳一切不完美。忘了的内容如果想起来可以再补上，出现了口误纠正一下就好。接纳自己的错误，才能稳住阵脚，让接下来的表达不受影响，甚至超常发挥。

关于接纳别人的反应，我想分享一次自己的亲身经历。我在2013年受邀在一家公益组织做领导力话题的分享。当时现场有三十几位听众。我在台上讲的时候，我发现有一位女听众时不时皱眉头。我看着她忽然紧锁的眉头，心想："她是不是反对我刚才所说的？" 坦白说，因为看到她时不时紧锁眉头，我有些心慌。等到分享结束后，我走过去问她："刚刚看到

你皱着眉头，是对我的哪个观点有不同的看法吗？” 她说：“没有啊，我觉得你说的对我很有启发，我在思考。” 听到她的回答，我松了一口气，同时也觉得自己很可笑。我刚才都白担心了，人家的反应根本不是我以为的意思。早知如此，还不如刚才放轻松，或许讲课的效果会更好。

从那次之后，我学会了接纳别人的反应。不会因为听众看似不寻常的反应而乱了阵脚。因为如果自己的心慌乱，表达就会随之慌乱。即便有听众有异常反应，如果你可以稳住心态，继续顺畅地表达，你仍然有机会顺利实现沟通目标。

3. 转移你的注意力：从C盘到D盘

还记得我在第二章第四节“故事地图让你拥有故事银行”中提到的C盘和D盘概念吗？C盘是评判（Comment）盘，D盘是资料（Data）盘。当然大脑不是真的分为C盘和D盘，这只是一个比喻。人在表达时，常常会一边说话，一边评判自己，如怀疑自己是不是讲得太枯燥。这种评判，就好像从自己身上抽离出一个小人，站在旁边批评自己，无疑会干扰表达。

当然在我们表达之前，我们要根据听众的期望准备内容。我在第二章第一节也提到了要如何了解听众。但是等你真正进行表达时，就要专注在自己的资料盘，即想要表达的内容上。你要一心一意地说话，而不是一边说，一边自我评判。当你专注于资料盘时，你的表达会更投入、更真诚，甚至达到一种“临在”的状态。

4. 通过换气进行身体的调整

当你紧张时，你的身体会产生一定的变化。不知道你是否留意过，你的紧张感会聚集在身体的哪个部位？有人告诉我，紧张的时候好像喉咙里面卡着东西，有人紧张时会胸闷，有人会胃痛，还有人说紧张会聚集在腿上，有很沉重的感觉。

当你留意到紧张所造成的不适时，就可以通过深呼吸，有意识地放松有不适感的身体部位，我把这个方法称之为换气。你先让自己放松地坐着或站着，先慢慢地吐气，想象着把身体某个部位的不舒服感全部吐出来，然后再慢慢地吸气，吸气的时候，可以想象着吸入你想要的力量，如淡定、勇气或兴奋等。这个方法往往能缓解紧张带给我身体的不适感。

5. 提前到场熟悉环境

提前到演讲或会议场地走几圈，对我来说很有帮助。因为这能降低我对一个地方的陌生感，紧张感也随之降低了。

当然你还需要提前测试现场的设备，熟悉话筒和投影仪的操作，这会让自己更放心。如果时间和条件允许的话，还可以在台上做身体和声音的放松练习、试讲开场白，这会大大提升沟通与表达的效果。

6. 身体和声音的放松

身体的放松练习就是让自己的身体打开，如张开双臂，或者做一些简单的拉伸让身体舒展且放松肌肉。别忘了放松脸部肌肉，给自己做一个脸部按摩，再发自内心地微笑几次。

声音的放松方式可以参考一些练声的方式。唇部操可以帮助你放松唇部肌肉，具体的做法文字难以表述，如果你感兴趣，可在网上找相关视频学习。

我在表达前会读一些绕口令来进行声音的热身，如大声读“la-la-la-la，ba-ba-ba-ba”几遍，然后再读几个绕口令。我最常读的是“八百标兵奔北坡”和“化肥会挥发”这两个绕口令。在本章第四节“塑造声音穿透力”，我会列举常见的绕口令。你可以针对自己发音难点选择相应的绕口令进行练习。一来提升自己的音准，二来也是为自己的声音热身。

本节内容回顾提问

请列举紧张的好处（至少列三个）。

本节作业

本节中总结了与紧张做朋友的六种方法，请选择其中至少两种进行练习，并写下练习后的感悟。

第二节

故事演绎三感，带动听众入戏

提到故事演绎，很多人会想到肢体语言和语音语调。这两者固然重要，但我想在谈这两点之前，先聊聊被很多人忽视的故事演绎三感。

一、对象感——把你的听众当真人

顾名思义，表达者讲故事的时候，要把台下的听众当作实实在在的人，要有一种对着人讲话的感觉。读到这里你或许笑了，听众当然是人啊。可根据我的观察，以下现象非常普遍：有的人对着天花板讲，有的人照着稿子读，眼睛很少看听众，有的人语速飞快根本不管听众是否能跟上，有的演讲书籍甚至建议你把听众当萝卜白菜等等。这些做法，都没有把听众当作人看待。

你想象一下，如果面对自己的朋友，你讲故事的状态会如何？我观察过，绝大部分人跟朋友说话时都会自然地看着对方，对方能感受到你在真诚地对其说话，这就是对象感。所以在讲故事时，你要展现出与朋友真诚聊天时的状态，你的听众才会真诚地回应。

近几年，线上直播越来越普遍，如果你需要透过镜头表达，该如何讲出对象感？有一个诀窍是：如果你需要面对镜头，你可以把镜头想象成一个人，或者想象镜头后坐着一个人，一个会让你放松且自信表达的人。我在直播或者拍摄视频课程时，会把镜头想象成某位爱笑的学员。这样我面对镜头说话时更容易展现我亲切自然的一面。在我的课上，有的学员会把镜头想象成他喜欢的一位明星，有学员把镜头想象成某位朋友。不管你把镜头想象成哪个人物，目的都是让你在说话时产生对象感，更显自信与自然。

二、场景感——自己先入戏，带动听众入戏

故事如果想让听众入戏，讲述者本人首先要入戏，才能营造场景感。场景感不是第三章中说的画面感，而是从讲述者的角度，进入故事发生时的场景，把场景中人物的情绪自然地展现出来，这就是入戏。

或许你会说，我又不是演员，没学过表演，怎么入戏？其实很多故事的主角都是讲述者本人，进入自己的故事场景没有那么难。

我推荐的做法是：想象自己回到了故事发生的场景，设想当时的自己的肢体语言、神态、心情、语气。在讲述这个场景时，通过还原当时的肢体语言、神态、语气，讲述者就会自然地把当时的情绪展现出来。

你可以通过排练故事，来找到自己的最佳状态。我一般会排练几遍，每一遍都给自己录像，然后观看自己的录像，总结出哪部分的情绪展现到位、哪部分还不够自然、可以如何改进。排练几遍后，你会逐渐找到场景感。

三、角色感——展现真实的特点

故事中常有不同的人物。例如，三分钟的个人故事，除了讲述者自己之外，一般至少还有一个另外的角色。如果你用同样的声音和动作来展现对话，听众可能无法区分不同的角色。当然，我们是讲故事的普通人，不需要按照演员的标准来要求自己。我认为比较合适的标准是，突出这个角色的一个特点即可，如这个角色常做的一个动作，或者模仿他的语气或口音。

例如在我的呈现表达课上，学员迈克做了有关自己45岁职业转型的演讲，在开场时他讲了自己去一家知名民企被CEO面试的故事：

回到2016年6月，我那个时候正好进行××企业的最后一次面试。当到北京北三环清河五彩城时，我脑中想象着我未来的老板是什么样的人，因为我在见他之前做了很多调研。然而在我真正进入办公室见到他的时候，我发现他嘴里叼了一根烟，对我没有太多的关注。我坐下来没聊几句，他就问："你都45岁了，怎么还来面试？"是啊，我都45岁了，我为什么还要来面试？

当时现场的听众都被他这个开场吸引了。迈克当时就模仿了他老板的经典动作，一只手拿着根烟，略微皱了一下眉头，用轻视的口吻问："你都45岁了，怎么还来面试？"他的动作和声音一下子把我拉入了他面试的情景，不禁代入他的角色，感受他当时的情绪。

我们不需要给人物编假的特点，而要从这个人物身上去找他真实的特点，然后选取一个比较明显的特点进行展现就可以了。真实的故事，最容易打动人。

除了体现不同人物的特点，我们还可以通过肢体语言和声音展现主角的前后变化。例如，在冲突阶段，主角如果内心焦虑，那讲述者的声音和肢体语言要匹配角色当时的特点。在解决了问题之后，主角的情绪变换了，则讲述者的肢体语言和声音要匹配角色改变后的状态。

本节内容回顾提问

本节中提到的故事演绎的三感是什么？

本节作业

讲述之前作业中打磨过的一个故事，用手机为自己录像，然后观看你的录像，看看如何提升你的故事演绎三感。至少讲三遍，录三遍。对照看看自己的进步。

第三节

自然生动的肢体语言，让你的故事栩栩如生

一、肢体语言两大原则

讲故事时我们的肢体语言遵循两个原则即可：打开、匹配内容。

哈佛大学心理学教授艾美·柯蒂（Amy Cuddy）于2012年在TED Talks上做了一个题为“用肢体语言塑造你自己”的演讲。她提道：“当人感受到脆弱、低落的时候，会收拢自己的身体，当人感觉到自信、成功时，会展开身体。”所以当与人交流或公众演讲时，我们需要遵循肢体语言的第一个原则：打开。如打开的手势、面对听众站立、与全场的人进行眼神交流等，都留给人自信的感觉。

在讲故事时，我们的姿势和手势不能一成不变，因为故事情节有起伏，所以我们的肢体语言还需要遵循第二个原则：匹配内容。手势、表情、身体的移动等与故事内容相匹配，更能让听众入戏。我在上一节中谈场景感时，也提到了还原故事发生时自己的肢体语言和情绪。此外，动作的幅度也与舞台的大小有关。舞台越大，肢体语言的幅度也要变大，才能让听众看得见、感受得到。

二、常被误解的眼神交流

在我看来，眼神交流是所有的肢体语言中，最影响表达效果的一种。如果你想提升讲故事的感染力，就先从训练眼神交流入手。

很多人在演讲时，不敢与听众进行眼神交流。要么是大部分时间看稿子读，要么是眼神躲闪，看天花板、看地下，即使看到了听众也是很快地扫了一眼。我问过很多人："你不敢看台下的听众，你怕什么？"他们说，怕被否定、怕被质疑或挑战、怕听众不喜欢自己。

可是，躲闪的眼神会招来什么？恰恰是质疑、挑战和不喜欢。仿佛有个魔咒，如果你害怕这些负面回应，就会不敢看听众，但是正因为你不看听众，就更容易招来这些你所害怕的回应。如果你敢于去跟听众进行眼神交流，就更容易吸引他们，更有可能赢得他们的认可。

但是目前，市场上很多演讲书籍和培训所教的眼神交流方式都是不具备实操性的，反而会给讲述者带来干扰。

我问三个与眼神交流相关的问题，你可以先思考一下答案，再继续读。

1. 演讲时你的眼神看哪里？

我在故事课中经常问学员们这个问题，我得到的回答有：看眉心、看额头、看鼻子、看脑后等，甚至还有人说要扫视。他们告诉我，这些理论是在演讲书籍或演讲课上学到的。

试想一下，讲述者，尤其是演讲初学者，一般在舞台上还挺紧张的，如果这时脑子里还要提醒自己"我要看台下听众的眉心（或鼻子、额头）"，这会让原本就紧张的讲述者更紧张。并且我们在演讲时，如果脑子还分神提醒自己这些注意事项，就很可能会忘词，或者说话不流畅。

再试想一下，你跟好朋友说话时，一边说话，你心里会一边想：我要看他的眉心（或鼻子、额头）吗？肯定不会。你会很自然地看到朋友的眼睛，你可以从对方的眼睛中看出，他听到你说话时的反应。你说到对方感兴趣的内容时，还会看到对方眼睛里的光，对不对？所以，这种眼神交流才是我们要的。借用一句网络流行语来总结，就是“确认过眼神”了。

另外，在公开演讲时，千万不要去扫视听众。因为在扫视的时候，你没有跟任何一个听众确认过眼神。听众感受不到你的眼神，只会看着你不断扫来扫去的头，替你头晕。

所以在小型沟通或公开演讲时，你不需要去思考自己应该看哪里，也不需要刻意去盯着听众某个部位，而要跟听众“确认过眼神”。

2. 看每位听众多长时间？

有的人说2秒，有的人说5秒，曾经还有学员告诉我，他听说过某个理论，看某个人超过8秒容易爱上对方。不少演讲书籍也会建议你看听众2～3秒的时间。这又是一个缺乏操作性的答案。为什么？试想一下，你一边说着话，一边看着听众，这个时候你怎么知道自己说了几秒了？我们不可能一边说话，一遍心里默数1秒、2秒、3秒，换个人看，1秒、2秒、3秒，再换一个人看。所以，任何建议你看每位听众几秒的建议，都是缺乏实操性的建议。

那么，此刻你肯定想问：有什么可操作的方法，让你掌握好看每位听众的时长呢？我的方法是：一句话看一个人的眼睛。当然如果一句话很长，可以在中间停顿的时候，换一个人看。这个方法便于操作，因为我们在说话时知道自己在哪里断句。所以我们看着一位听众说一句话，再看另外一位听众说下一句话，就可以确保看每位听众的时长是适宜的。

在此我推荐一个在日常工作和生活中进行“一句话看一个人的眼睛”

的练习。当需要与三位及以上的人说话时，你就可以做这个练习，如与几个同事一起吃午餐时、企业里团队或部门开会时。你不需要等到上台演讲的时候才去训练“一句话看一个人的眼睛”，而要抓住任何机会去训练。与朋友、家人、同事一起聊天时，你的状态是放松的，是训练“一句话看一个人的眼睛”的最好时机。当习惯了这样做之后，你在台上就更有勇气、更自然地去看听众的眼睛了。

3. 看台下的听众要遵循什么顺序？

有不少演讲书籍或培训会推荐Z字形、M字形等顺序。这也是缺乏实操性的方法。当在我们表达时，任何增加大脑思考负担的肢体语言技巧，都缺乏实操性。因为这会让我们的注意力脱离资料盘，转向评判盘，例如：“哎呀，刚才忘了Z字形看听众了。”这种评判会干扰我们表达时的专注度。而且如果我们看台下的听众时，一直遵循着固定的顺序，听众会觉得我们很机械、不自然。

所以随机看才是最自然的。例如，说第一句话时你看了中间一位听众，第二句话就随机看到左边一位听众，第二句话随机看到右边一位听众。再下一句看到左边或者中间的一位听众。整个演讲中，你都是随机选择听众，跟他有一句话时间的眼神交流。当然我们要照顾到全场，不能全程只盯着某一边的听众看或只看中间的听众。

选择什么类型的听众进行眼神交流？我也有个诀窍：在表达开始、你有些紧张的时候，先挑友好的听众看。台下总有那么几个人会冲着你微笑，会看着你说话。这时你可以先跟这些人进行眼神交流。他们的眼神反馈会增加你的信心，等你的开场白过后，自己放松了，再跟更多的人进行眼神交流。

当然还有一种情况，台下有几百人甚至几千人，你看不清楚远处听众的眼睛。这时你可以把坐在某一片的听众当作一个“巨人”。你看过去，那一片听众都会感受到你的眼神。你可以把全场听众分为几片，相当于台下坐着几个“巨人”，你看他们的方式，可以是“一句话看一个‘巨人’”。

如果现场有摄像机，把你的身影投在会场两边的幕布上，或者同步直播到网络，别忘了把摄像机也当作你的一个听众，时不时与摄像机进行眼神交流。这样看屏幕的听众也会看到你的正面和你清晰的眼神了。

三、常被误解的手势问题

另一种常被误解的肢体语言是手势。我的学员告诉我，有的老师教他上台讲话时要双手交叉握住，放在腹前，以避免不知道手放哪的尴尬。但这种手势放久了就显得讲述者在台上很拘谨。学员听后不相信，我就给他录了两遍视频：第一遍他双手交叉握，说几句话；第二遍，他双手打开，说几句话。然后让他对比两遍视频，从听众的角度看哪一遍讲述者更自信。他自己得出的结论就是打开的双手更显自信。

也有学员告诉我，他之前学到的手势是全程双手要打开且举起，全程放在腰部以上。但是，全程打开手，讲述者会很累。此外，这是比较有能量的手势，全程使用反而没有效果。就好比我们不能强调一句话中的每一个字，因为每个字都强调等于没有强调。

我还看到过网上有些演讲培训师教切菜、炒菜等手势。而我认为手势的意义应该是与你的表达内容相匹配的。试想如果一个人在表达时，说到某句话，心里想此时我要用切菜手势，是不是又要分心了？

所以上述列举的手势技巧在我看来，都在误导我们。那到底什么样的手势是适宜的呢？我把适宜的手势分为表达手势和原位手势。

1. 表达手势

表达手势是讲述者为了让听众更好地理解内容而做出的手势。这种姿势没有统一的标准，只要匹配内容、有助听众理解和加深印象，就是可以用的。

如果你平常手势很少，不习惯在表达时使用手势来强调，那么你可以从内容中选取你想强调的关键词，再按照自己的理解，尝试用几种不同的强调手势辅助表达，并给自己录像。讲完后通过录像来对比，选择你认为最适合的表达手势。

如果是讲故事，你可以回想在故事场景中，故事人物常用的手势是什么，选择其代表性的手势即可。你可以先向朋友描述故事场景作为练习。与朋友聊天时你会更自然地使用手势，讲到兴奋时，你甚至可能会手舞足蹈。这样的练习可以帮助你找到适合的表达手势。

2. 原位手势

这个手势是绝大部分演讲书籍和培训都不教的，但是它恰恰很重要。我给这种手势取名原位手势，指表达过程中不需要手势时，讲述者的手所放的位置。

整个表达过程中，每句话每个字都有手势，那就会让人觉得手势过多，反而失去了手势应有的效果。那不需要做手势时，手放哪呢？其实很简单，让双手自然下垂，放在双腿外侧就可以了。不要耸肩，也不要刻意像军人一样把双手伸得笔直紧贴裤缝。放松地把双手放在双腿两侧，这个手势就是最自然的，听众看着也自然。

当然，很多人在刚开始做原位手势的时候，感觉不习惯，甚至觉得有点傻。但是对于原位手势，听众看起来是舒服的。很多初学者刚开始不信，我就让他们保持原位手势说几句话，录视频给他们看。看完之后，他们都不再怀疑原位手势了，因为从听众的视角看，这样的姿势其实挺自然。

所以在讲故事时，我们的手势会在原位手势和表达手势中切换。手不知道该放哪时，就自然放下，讲得入戏了，我们会自然地使用匹配故事内容的手势。

四、演绎人物对话时的站姿问题

在演绎故事中人物对话时，最常见的错误站姿就是，讲述者向一侧转身90度站立，扮演一个人讲话，然后再向另一侧转身90度站立，扮演另外一个人讲话。当然在生活中，很可能两个人的确是面对面站着说话。但是在讲故事时，是一个人分饰两角，如果侧身90度站立的话，听众只看到了讲述者的侧脸，看不到脸部表情，也没有眼神交流，效果会大打折扣。

讲述者其实只需每次转30～45度就可以分饰两角。例如，当你在故事中提到你和某位客户的对话时，你可以先向左侧转身30～45度，面向左边的听众，讲出客户说的话，然后再转向右侧转身30～45度，面向右边的听众，讲出你讲的话。这样既可以让听众区分两个角色，又能让听众看到你的表情、眼神和手势。在镜头前直播讲故事时，也可以运用同样的技巧来展现对话。

还有一点要注意，复述对话中的精华部分即可，不要分饰两角太久，以免听众失去耐心。

本节内容回顾提问

1. 本节中提到的公众演讲中肢体语言的两大原则是什么？

2. 演讲时眼神看哪里？

3. 公众演讲时与每位听众进行眼神交流多长时间比较好？

4. 本节中提到的原位手势指：表达时不需要用手势时，手放在哪里？

5. 讲故事需要演绎两个人物对话时，有什么注意事项？

本节作业

在与三个人及以上的会议或聚餐时发言，练习“一句话看一个人的眼睛”。

第四节

感染听众的秘密武器，塑造声音穿透力

不知道你对于自己的声音满意吗？

我在2013年参加了国际演讲会中国区的幽默演讲比赛，当时杀入了中国区总决赛，但是并没有获得前三名。比赛后有位听众特意来跟我说：“颖丹，你的声音好听，但是太柔软了，不够洪亮。你要在这方面努力。”

我因为这个反馈而苦恼过，还特意找了声音教练去练习声音。虽然我懂了如何更科学地用嗓，但是我的声音还是无法做到声如洪钟。

在2014年我又参加了国际演讲会的英文演讲比赛，这次我进入了在吉隆坡的全球半决赛。与我同台的半决赛选手都以英语为母语。在比赛前一天试麦时，我听到好几位男选手都有着浑厚的嗓音，心里顿时有些气馁，忍不住跟陪我试麦的朋友说："哎，声音上我又要处于弱势了。"

这时朋友小周对我说："颖丹，你的声音柔软，但这正是你的特点。你听听那些老美的声音，是很响亮，但都差不多。你这样正能突出自己的特点。你只需要在某些部分加上一些力度，柔软的声音加上适当的力度就最有感染力。"

他这番话顿时点醒了我，我立刻明白了自己应该怎么做。其实我不需要勉强自己去跟别人拼浑厚的声音，因为这我根本练不出来。相反我应该利用自己声音的特点，去塑造自己的形象，并在适当的时候增加变化，一样可以让人印象深刻。

最终，我拿到了第三名，虽然未能晋级总决赛，但也成功跻身全球27强，这也是截至当时中国本土选手拿到过的最佳成绩。

这次经历让我对于声音的穿透力有了新的认识。我以前总以为声如洪钟的声音才有穿透力，那次比赛之后我明白了：能够感染听众情绪的声音就是有穿透力的声音。

那我们要如何提升声音的穿透力呢？我们普通人可从以下三个阶段逐步练习和提升。因为本书不是专门谈声音训练的书，所以我只分享一些我观察到的常见问题，以及改进的方法。

阶段1：清晰流畅

清晰流畅是对讲述者的基本要求。清晰指别人能听清楚你说的每句话的每个字。流畅指你的表达是连贯的，不能让听众觉得像网络卡顿一样断断续续。

1. 通过绕口令练习提升发音的清晰度和准确性

很多人都以为从事声音相关工作的人士才需要练习绕口令，如相声演员、主持人等，平常人说话不清晰或有口音没关系。我上学的时候也这么认为，不过二十年的工作经历让我意识到，这些基本功其实每个人都应该从小练起。因为口齿清晰的人，能赢得更多的表达机会，更容易被他人理解。

另外，不管你在职场想走专业路径还是管理路径，只要想有更多的发展，都不可避免地需要更多地进行表达，如专家会被邀请至各种行业会议进行分享，管理者在企业内外部都有很多机会进行演讲。随着时代的发展，很多原本在幕后的岗位都被推至台前。比如2020年疫情后，诸多企业都推出了总裁直播。口齿清晰、发音标准会让听众更容易理解你的意思，也会让听众更愿意聆听你的表达。吐字不清、口音较重的人真的很难留住听众。所以如果你的普通话不太标准，我建议你通过练习相应的绕口令来改进。

我是湖南人，湖南方言中“h”的音都说成“f”的音。如“化肥会挥发”这个绕口令如果用湖南方言来读的话，就是“珐肥费飞发”。所以我就通过念“黑化肥发灰，灰化肥发黑。黑化肥发灰会挥发，灰化肥挥发会发黑。黑化肥挥发发灰会花飞，灰化肥挥发发黑会飞花”这个绕口令来训练自己的“h”和“f”发音。要改善普通话发音，何时开始都不晚，如果你也有普通话的发音问题，不妨把念绕口令当作游戏，每天玩几遍。

如果你“zi ci si”和“zhi chi shi”的音不分，不妨多练练以下两个绕口令：

四是四，十是十，十四是十四，四十是四十。

莫把四字说成十，休将十字说成四。

若要分清四十和十四，经常练说十和四。

石小四，史肖石，一同来到阅览室。石小四年十四，史肖石年四十。年十四的石小四爱看诗词，年四十的史肖石爱看报纸。年四十的史肖石发现了好诗词，忙递给年十四的石小四，年十四的石小四见了好报纸，忙递给年四十的史肖石。

如果你h和f音不分，可以练习以下绕口令：

化肥会挥发。

黑化肥发灰，灰化肥发黑。

黑化肥发灰会挥发，灰化肥挥发会发黑。

黑化肥挥发发灰会花飞，灰化肥挥发发黑会飞花。

如果l和n音不分，可以练习以下绕口令：

牛郎恋刘娘，刘娘念牛郎。

牛郎连连恋刘娘，刘娘连连恋牛郎。

牛郎年年念刘娘，刘娘年年念牛郎。

郎恋娘来娘恋郎，念娘恋娘念郎恋郎。

以下这个绕口令可以练习唇部力度和灵活性：

八百标兵奔北坡，炮兵并排北边跑。炮兵怕把标兵碰，标兵怕碰炮兵炮。

以下这个绕口令可以帮助你练气息：

出东门过大桥，大桥底下一树枣。

拿着杆子去打枣，青的多，红的少。

一个枣两个枣三个枣四个枣五个枣六个枣七个枣八个枣九个枣十个枣。

九个枣八个枣七个枣六个枣五个枣四个枣三个枣两个枣一个枣。

2. 用停顿代替口头禅

不知道你说话时是否有口头禅？很多讲述者喜欢说“这个”“那个”“呃”，他们的表达因此听起来不流畅：

我有一个口头禅是被我妈妈发现的。

2002年7月，我大学毕业后在上海工作。国庆节时，我妈妈从湖南老家来上海看我。有一天我打了一个五分钟左右的电话，挂断之后，我妈对我说：“我刚数了一下你讲电话的过程中说了十个‘然后’。”

身边有一个这么时刻监督着我的妈妈，还是有好处的。我以前从没有意识到我有这个口头禅，被我妈妈指出以后，我就对此特别留意。有时正张口想说“然后”，我会停顿一下，用停顿来代替我这个口头禅，或者换成另外一个词，如“接下来”“还有”等。经过一段时间的练习，我就改过来了。

我猜很多人跟我一样，并没有意识到自己有口头禅。所以我建议你给自己录音，回听看看自己有什么口头禅。还可以邀请同事、朋友或家人一起来听，避免某些字发音不准，自己可能听不出来。

阶段2：抑扬顿挫

抑扬顿挫指声音富有变化。注意以下两点，你就可以迅速提升。

1. 强调

在一句话中强调关键词，可以突出重点。强调可以是重音强调，也可以是拖音强调。强调不同的词，表达的意思也会有不同。强调还会自然地引起声音音量的变化，强调的词音量应响一些，避免声音太平。

2. 停顿

你可以练习这三种停顿的方式，以达到不同的表达效果。

（1）在一句话结束或一段内容结束后，停顿一下让听众消化你所说的内容。

（2）在你想强调的重点信息之前停顿片刻，让听众更期待你接下来要说的内容，如“我想为大家分享一个讲故事的万能结构：（停顿）5S逻辑线”。

（3）在你提问之后，停顿片刻，同时与听众进行眼神交流，给他们时间思考你的问题。

当然让声音抑扬顿挫的方式不止这些，我认为上面提到的强调、停顿是最容易练习的，所以推荐给你。

关于抑扬顿挫，我有一点要提醒的是，不要用朗诵的腔调来演讲或讲故事。还记得我说过的讲故事三感吗？第一感就是对象感，讲故事就是仿佛跟听众在说话，把你的听众当作朋友。如果你用朗诵的腔调跟好朋友说话，估计没有人会想听下去吧。同样的道理，你面对听众演讲、讲故事时，也要有对话感。

阶段3：情绪传达

当声音传达了某种情绪时，更能从情感上与听众建立连接。在本章第二节中，我提到在讲故事时，想要传达你的真情实感，自己首先要入戏，要进入到故事的场景中。入戏后你可以通过以下三种方式来传递情绪。

1. 语速的变化

不同的语速会反映不同的情绪。当角色兴奋的时候，语速会加快、声音会变响；当角色难过或语重心长的时候，语速会减慢。

2. 音量的变化

当角色激动、激昂的时候，音量会变大；当角色不自信、胆怯的时候，音量变轻。

3. 模仿不同角色的声音

小孩子的声音，音调较高，声音较尖；男性的声音，胸腔共鸣，低沉一些；女性的声音音调高且细一些。

你在讲自己的故事时，可以回想：在故事发生时，自己和其他人物的情绪是如何，在那种情绪状态下声音有什么样的表现。平常你也可以多留意自己和身边人在不同情绪状态下的声音。这些都可以增加自己的声音知识储备。

如果你已经有小孩了，可以通过给小孩读绘本、讲故事，来练习不同角色的声音。例如，我女儿从出生到现在，每天临睡前都要我给她讲故事。她最喜欢听小猪佩奇的故事，我就会变换我的声音，模仿小猪佩奇、佩奇爸爸、佩奇妈妈的声音。或许我的模仿并不到位，但是至少能让我女儿区分出角色。等我女儿到了三岁之后，我就会使用绘本中的故事与女儿进行角色扮演，如她扮演小猪佩奇，我扮演佩奇的妈妈、佩奇的老师等等。我发现通过为女儿讲故事，以及跟她的角色扮演，我模仿不同角色声音的能力有了不少进步。

总而言之，本节分享了提升声音影响力的三个阶段。你可以根据自己情况，逐步练习并提升声音影响力。

本节内容回顾提问

1. 提升声音的影响力分为哪三个阶段？

2. 你有哪些发音难点和口头禅？

本节作业（二选一）

1. 针对自己的发音难点，选择两种绕口令进行练习直至熟练。

2. 模仿一段影片或电视剧中两个人物的经典台词。

第五节

为故事增添幽默感，让表达更有趣

很多人会说，我这个人天生不幽默，怎么办？其实我天生也不幽默，但是因为我愿意去拓展这方面的能力，也上了相关的课程，慢慢地我也找到了一些门道。

但是在分享增添幽默感的具体方法之前，我想先分享一种让我们更幽默的思维方式。

一、让自己更幽默的“Yes and”思维

人们经常说，遇到尴尬或意外的事时，最好用幽默感来化解。但是在那种情况下，其实考验的是我们的第一反应。通常来说，当遇到尴尬或意外的事时，人的第一反应是懊恼或责怪他人，在这样的情绪状态中，谁都很难幽默起来。

所以，要想让自己变得更幽默，我们需要转换习惯的思维方式，要先接纳意外，接纳所有跟我们预期不一样的事情。只有在接纳和放松的状态下，我们才有可能把尴尬变成自嘲，把预料之外的事转换成令人一笑的趣事。这种接纳和放松的状态背后，意味着我们愿意在生活中放下控制、放下指责，转而去接纳错误、接纳意外、接纳别人提出的不同想法。只有当我们愿意这样做的时候，我们生活中才会有更多的幽默感。

而这种放下控制、接纳意外的思维方式叫作“Yes and”，翻译成中文是“是的，而且”。它的含义是，不管前面发生了什么，别人跟你说了什么，我都先接纳，说“是的”，然后再在别人的基础上去扩展、联想，就是“而且”的部分。“是的，而且”（Yes and）不仅会让我们更幽默，还会激发我们的创造力，让我们的生活充满更多惊喜。

我在很多课程中，都喜欢带领学员玩“是的，而且”（Yes and）的游戏。即由一个人发起话题，说一件比较异想天开的事，第二个人接着说：“好呀！”然后在第一个人说的基础上去延展。

例如，在一次企业内训课上，我发起了一个话题：“我们一起去火星玩吧。”在我左手边的学员就接着说：“好呀。去了火星之后，我们在那盖栋房子。”然后依次接下去，学员们脑洞大开，二十几个学员接龙，中间我们笑了好几次。倒数第三个学员说：“火星玩得差不多了，那我们回

地球吧。”倒数第二个学员说：“好呀，回地球后我们再开一个企业，搞个集团吧。”最后一位学员说：“好呀，那就请颖丹老师担任CEO吧。”这句话一出来全场爆笑。

这就是“是的，而且”（Yes and）的力量。在场没有一个人认为自己平常很幽默，但是通过这种思维，我们频频制造出笑声。

再举一个发生在我的工作团队的案例。2019年1月初，公司的POS机里的纸用完了，我让同事小秦去订购。几天后，我们收到了一个小箱子。我打开箱子一看，只见里面有3排POS机纸，每排10卷，一共30卷。我惊叹怎么这么多，因为我们之前很少用到POS机，4年才用完1卷。小秦跑来一看，就懵了。原来她定的时候，填写的数量是“30”，她认为是订购30张纸，但其实订了30卷。小秦知道自己订错时，有些尴尬。

我跟另一位同事小杨说：“按照我们之前用POS机纸的速度，我们将在120年后把这30卷用完。”小杨接着说：“谢谢小秦定了这么多卷，说明接下来我们业务量会猛增，用POS机的人翻一番的话，我们60年就可以用完这30卷了。”全公司的人听到这都捧腹大笑。其他人就七嘴八舌开始讨论起以后POS机会不会消亡的话题。

当天我们办公室里因为这个小错误充满了欢声笑语。这就是一个“是的，而且”（Yes and）思维的体现。大家都接纳了这个失误，再一起异想天开，让平常的工作充满了欢乐。

所以我非常建议你，在工作和生活中去体验“是的，而且”（Yes and）思维，放下控制、放下指责、接纳错误和意外，你不仅会变得更幽默，还可能有更多的幸福感。

二、为故事增添幽默感的五种方法

在探讨为故事增添幽默感的方法之前，我想说明一下，故事中的幽默不是刻意的搞笑，不是讲段子，不是为了幽默而幽默，而是符合故事场景，自然地为故事增添幽默。

我向我的好朋友、资深的脱口秀演员邹澍，学习了幽默感的结构：铺垫+爆点。爆点（punchline）就是最后那句让人大笑的话。

以下是我总结的为故事增添幽默感的五种方法，其实不管是哪种方式，本质上都是铺垫加爆点的结构，只是引出爆点的方式不同而已。

1. 利用反转

反转的意思是，把听众的预期带向一个方向，但揭晓的结果却是另外一个方向，通过出其不意让听众发笑：

例如，我在国际演讲会全球半决赛的演讲开场时，我说："上周五，我老公花了2000多块钱订了一个海景房。房间宽敞明亮，窗外就是蓝色的大海。这是我老公订过最贵的房间，为了他最爱的女人。" 我在讲到"他最爱的女人"时，我一只手放在胸前，让听众认为这个"最爱的女人"就是我。然后我再说道："他的妈妈。"这个时候全场哈哈大笑。我在故事的一开场就通过这处幽默牢牢地抓住了大家的注意力。

所以反转中的铺垫就是把听众的预期带向A方向，爆点则是反转至B方向。

2. 把听众熟知的用语套用到演讲场景中

如果你了解听众所在行业或企业中有什么常用的术语，可以尝试用在你的故事场景中，这很有可能起到幽默的效果：

例如，我在2014年获得了国际演讲会中国区的英文演讲冠军，我的演讲题目为《改变》，是个关于我如何改善婆媳关系的故事。

在故事的冲突阶段，我提到了我婆婆是完美主义者，光说我做得不好的地方，从来不表扬我的进步。在故事结尾阶段，我们改善关系之后，我说："我的婆婆现在仍然会指出我的错误，但是她现在会用三明治评估法。"我说到这里的时候，台下爆发出热烈的笑声。因为"三明治评估法"是国际演讲会中大家都在用的一种评估方法，即先说对方的优点，再指出改进的部分，最后再鼓励一下。我把听众熟悉的这个术语，运用在我的故事场景中，取得了很好的幽默效果。

所以这种方式中的铺垫就是演讲场景，如"我的婆婆仍然会指出我的错误。"爆点就是听众熟知的事物，但是这个事物在通常情况下不会出现在这个场景中。如我案例中的爆点"三明治评估法"，这个是当时听众熟知的用语，一般只出现在国际演讲会的演讲评估中，然而我把这个用语套用到"我婆婆指出我的错误"这个生活场景中，就起到了幽默的效果。

3. 自嘲

自嘲是一种非常稳妥的幽默方式，不过它需要讲述者有敢于自嘲的精神：

我的课程中有位男学员老施曾在他的故事中说道："我六年前开始创业，尝试了不同的生意都失败了，还欠了银行200万元。不过通过几年的努力，现在总算都还清了——我还了1万元，我老婆帮我还了199万元。"他讲到"总算都还清了"时，特意停顿一下，然后再说"我还了1万元，我老婆帮我还了199万元。"

这个自嘲案例中的铺垫，就是老施说自己创业失败，但把债都还清了。这是一个符合听众逻辑习惯的事。爆点是"我老婆帮我还了199万元"，当时这句话一出台下爆笑，听众也非常有兴趣听他接下来的内容。

4. 利用地区文化差异

有时地区文化差异也可以带来幽默的效果，但是切忌造成冒犯某一种文化的感觉，那就适得其反了。建议用自嘲搭配文化差异话题，这种方式比较稳妥、好用。你可以自嘲所属地区的文化，或者是自嘲因为不懂另一种文化而闹的笑话等。但千万不要在台上嘲笑其他地区的文化，这很可能会冒犯到台下的听众。

举一个我在演讲中利用地区文化差异造成幽默效果的案例。还是我之前提到的关于婆媳关系的演讲《改变》，我在故事冲突的阶段模仿我婆婆的香港口音说："丹丹，你不会做家务怎么照顾我的儿子啦。" 模仿完我婆婆之后，我对着听众说："但她不知道在上海，是男人干家务的。"

当天这个演讲比赛是在上海举办的，台下的听众大部分都是在上海生活的，他们都懂我说的上海男人干家务这个梗。所以听众听到我说这句话时哈哈大笑。

5. 模仿主要人物的神态或口音

在故事中，如果某个人物有典型的神态或地域口音，你可以尝试模仿，可能会起到幽默的效果。如我在上一点地区文化差异举的案例，我模仿我婆婆的香港口音，最后加了一个尾音"啦"，当时全场听众都在爆笑。然后我接着说，在上海是男人做家务，听众又是爆笑。当时那个演讲，两句话用了两种幽默方式，产生了两个爆点。

当然模仿神态或口音的做法，也需要在朋友、同事面前先测试一下。以免弄巧成拙，造成冒犯某一地区听众的风险。

在上文中我分享了五种为故事增添幽默感的方法，其中我最想强调的一点是，多多训练自己的“是的，而且”（Yes and）思维。我建议你每天对至少五个人说“是的”（Yes），然后再接着拓展，看看有没有意想不到的结果。当我们很自然地可以进入“是的，而且”（Yes and）的状态时，我们在讲故事或日常表达中会收获更多幽默的灵感。

本节内容回顾提问

1. 本节中提到了五种为故事添加幽默的方法，它们分别是什么？

2. 本节中推荐的幽默思维是：Yes________。

本节作业

为你之前设计的故事增添至少一处幽默。

第六节

掌握正确的排练方式，提升故事演绎水平

一、准备与排练时间分配

根据我的培训和辅导经验，很多人在正式上台演讲前，都不排练。有的人说太忙了，没有时间排练；有的人准备PPT到凌晨，第二天直接上台讲；还有的人以为排练就是脑子里想一遍要讲的内容。这些都不是正确的方式。

排练对于讲故事来说尤其重要，没有排练过的故事，废话会多，可能不流畅，讲故事的人难以入戏，导致感染力下降。

《演说之禅：职场必知的幻灯片秘技》（*Presentation Zen*）这本书的作者加尔·雷纳德（Garr Reynolds）推荐演讲准备时间这样分配：三分之一的时间花在准备演讲内容、提纲；三分之一的时间用来制作PPT；三分之一的时间用来排练。

当然如果你的演讲全部都是讲故事，不需要做PPT，那么你可以花一半的时间准备内容，一半的时间进行排练。越是重要的表达，越是要提前排练，甚至排练多次，或者找小范围的听众进行排练。曾经有一个北京的学员告诉我，罗振宇在做第一次"时间的朋友"跨年演讲前，在她们园区内租借场地进行小范围的排练，足足排了五次，这还不包括后来他在正式场地的排练。演讲大咖上台前都做这么认真地排练，更何况我们普通人呢？所以，如果你想把故事讲得精彩，那么你一定要排练。

此时你可能会问，那怎么排练更高效呢？我总结了排练的四个阶段。

二、排练的四个阶段

阶段1：熟悉内容

在准备完故事内容进行第一次排练时，我鼓励你站起来，想象自己面对着听众，从头到尾讲一遍你的故事。这个时候卡壳了、忘词了都没有关系，磕磕巴巴讲完了就可以。讲完你会对整个故事产生整体的感受，你还会意识到哪些地方可以讲得更精练。通常而言，你从头到尾讲3~5遍后，就能流畅地讲述故事内容了。

阶段2：给自己录像并回看

看见自己是提升觉察力最好的方式。

你可以找一个空的会议室，在房间的后面放上三脚架和相机或者手机，排练故事的同时，给自己录像。排练结束后，看一遍视频，看看自己哪些地方做得好，哪些地方需要改进。这对于提升整个故事的演绎效果，非常有帮助。录上几遍视频，你会看到自己有明显的进步，这也会让你对自己更有信心。

阶段3：邀请小范围的听众试听

如果你的故事是一个重要演讲的一部分，如年会演讲、参加演讲比赛、企业发布会等，你会要面对很多听众，你可以先邀请小范围听众来试听，请他们给你反馈意见。

不过有一点要注意，除了问听众们哪些地方可以改进，你还要问哪些地方吸引他们。只有了解到吸引听众的部分在哪，以及为什么这个部分吸引人，你才更明确哪些内容是亮点，需要保留。有的时候，不同的人会给你相反的意见，这时你一定要多问一句：为什么这个部分给你这种感觉？深入了解反馈意见背后的原因，有利于你综合考虑他人的意见来改进故事。

阶段4：现场彩排

如果你要在陌生的大场合做演讲，一定要去现场做彩排。去现场彩排会缓解紧张和焦虑，大大提升你的自信心。你还可以让人帮你把现场彩排的视频录下来，回去后观看、改进。

当然，不是每一次表达都有这个机会。例如，你要去客户企业做演示，可能没有机会去客户企业会议室演练一遍。但是你可以提前到达场地，提前测试投影仪和话筒等设备。提前熟悉场地有助于降低紧张感。

最后我还想补充一点，关于是否要面对镜子排练，我的观点是不要。在讲故事的演绎三感时，我提到要有对象感，就是有跟听众在交谈的感觉。如果排练时，看到了镜子里的自己，会缺乏这种对象感，而变成了边讲故事边审视和评判自己，就会影响你的投入度。

所以我的观点是，不要面对镜子排练，可以面对空的椅子排练，或在空的会议室排练，想象着你的听众坐在台下。当然如果可以找到小范围听众试听，甚至是实地彩排，那就更好了。

可能你会问，是不是每一次讲故事之前，都需要完成以上四个阶段的排练？我的回答是：取决于重要性。如果是非常重要的表达场合，那么一定要完成以上四个阶段的排练；如果不那么重要，你可以只完成阶段1和阶段2的排练；但是无论多忙，你最少要完成阶段1的排练。

本节内容回顾提问

本节中推荐了四个阶段的排练，它们分别是什么？

本节作业

为你之前设计的故事找一个正式上台讲的机会吧。在上台前至少完成阶段1和阶段2的排练。

写在最后

我很喜欢电视剧《长安十二时辰》中的一句台词：“你今日的选择，就是来日的故事。”

因为你选择了读这本书，我相信你今后会有更多故事可讲。

因为你选择了故事思维，我相信你今后会有更精彩的人生！

参考文献

[1] （美）约翰·特鲁比. 故事写作大师班[M]. 江先声，译. 长沙：湖南文艺出版社，2019.

[2] （美）加尔·雷纳德. 演说之禅——职场必知的幻灯片秘籍[M]. 王佑，汪亮，译. 北京：电子工业出版社，2009.

[3] FREY J N. How to Write a Damn Good Novel: A Step-by-Step No Nonsense Guide to Dramatic Storytelling[M]. New York：St. Martin's Press，1987.

[4] HULL R. How to Write a Play[M]. Cincinnati：Writer's Digest Books，1988.

反侵权盗版声明